中国女性

趣说
——穿越千年的闺蜜圈

文　清◎编绘

黄河出版传媒集团
宁夏人民出版社

图书在版编目（CIP）数据

趣说中国女性 / 文清编绘 .-- 银川 : 宁夏人民出版社，2025.4.--ISBN 978-7-227-08144-9

Ⅰ.K828.5-49

中国国家版本馆 CIP 数据核字第 20254GP690 号

趣说中国女性 文清 编绘

责任编辑 闫金萍
责任校对 白 雪
封面设计 彭明军
责任印制 侯 俊

黄河出版传媒集团
宁夏人民出版社 出版发行

地 址 宁夏银川市北京东路 139 号出版大厦（750001）
网 址 http://www.yrpubm.com
网上书店 http://www.hh-book.com
电子信箱 nxrmcbs@126.com
邮购电话 0951-5052104 5052106
经 销 全国新华书店
印刷装订 三河市天润建兴印务有限公司
印刷委托书号 （宁）2500156

开本 880 mm × 1230 mm 1/32
印张 8
字数 158 千字
版次 2025 年 4 月第 1 版
印次 2025 年 4 月第 1 次印刷
书号 ISBN 978-7-227-08144-9
定价 68.00 元

女人花，你是哪一种风华？

纵观中国历史，有许多女性被记载于史册和各种文集中。无论是名垂千古也好，遗臭万年也罢，她们均被世人记住，她们的故事也流传至今，深深地影响了一代又一代人。古语有云：“以铜为镜，可以正衣冠；以人为镜，可以明得失。”我们从历史上这些女性的故事中，可以了解历史，明察善断，借鉴优点，并能反观自己，从而提升修养，收获美好的人生。

我们常说，女人如花，千姿百态，风情万种。如果按照花语来划分中国女性，那么女性世界就是一个色彩缤纷的大花园。

牡丹花代表的是西施、杨贵妃、王昭君这样的美女，她们高洁端庄，雍容华贵。

君子兰代表的是以许穆夫人、蔡文姬、班昭为首的才女，她们高贵、温文尔雅、谦虚，又坚韧。

荷花代表的是程夫人、孟母、岳母这样有德行的女性，她们人品清逸，气节高尚，持家、教子有方。

扶郎花代表的是长孙皇后、黄月英、桓少君，她们就像一轮小太阳，永远充满活力，在丈夫背后默默地付出，坚韧不拔。

向日葵代表的是孝敬父母长辈的荀灌、淳于缇萦、颜文姜，她们勇敢、智慧、品德高尚，是孝顺的典范，她们的故事也激励着后人继续传承和弘扬孝道文化。

并蒂莲代表的是崇尚爱情至上的卓文君、刘兰芝和乐昌公主，她们的勇敢、智慧、坚韧、独立和浪漫，就像璀璨的星辰，照亮了中国古代爱情故事的天空。她们的故事，如同动人的旋律，跨越千年，依然在激励着后人去追求自由、平等和忠贞不渝的爱情。

梅花代表的是马皇后、娄昭君、卫子夫等逆袭的女性，她们凭借智慧、坚韧、贤德和谦逊，在复杂的历史大舞台上“一路开挂”，从平凡走向辉煌，成为人生赢家！

昙花代表的是千金公主、长平公主、陈圆圆等薄命佳人，这些女性虽然命运多舛，但她们凭借美貌、才艺、坚韧、智慧和低调的品质，在复杂的历史大舞台上闪闪发光，硬是把坎坷的人生过出了不一样的精彩，演绎了属于自己的传奇篇章。

《趣说中国女性》一书将以上十种类型的女性的故事一一为大家呈现。本书不会给你讲大道理，只会带你重温中国古代女性的历史，让你从中汲取智慧的力量，成就更好的自己。

目录

第一章 美

沉鱼落雁之容
闭月羞花之貌

第二章 才

气质美如兰
才华馥比仙

第三章 德

女人有德行
方能享厚福

第四章 贤

家有贤内助
帮扶江山稳固

第五章 孝

鸟兽尚知哺乳恩
不敬爹娘敬何人

第六章 爱

伤怀离抱，天若有情天亦老

第七章 勇

巾帼不让须眉，红颜更敢担当

第八章 智

足智多谋展才华，智慧谋略助成功

第九章 慧

做人有格局
做事有慧心

第十章 运

命运如风筝
红颜易老花易逝

第一章 美

沉鱼落雁之容，闭月羞花之貌

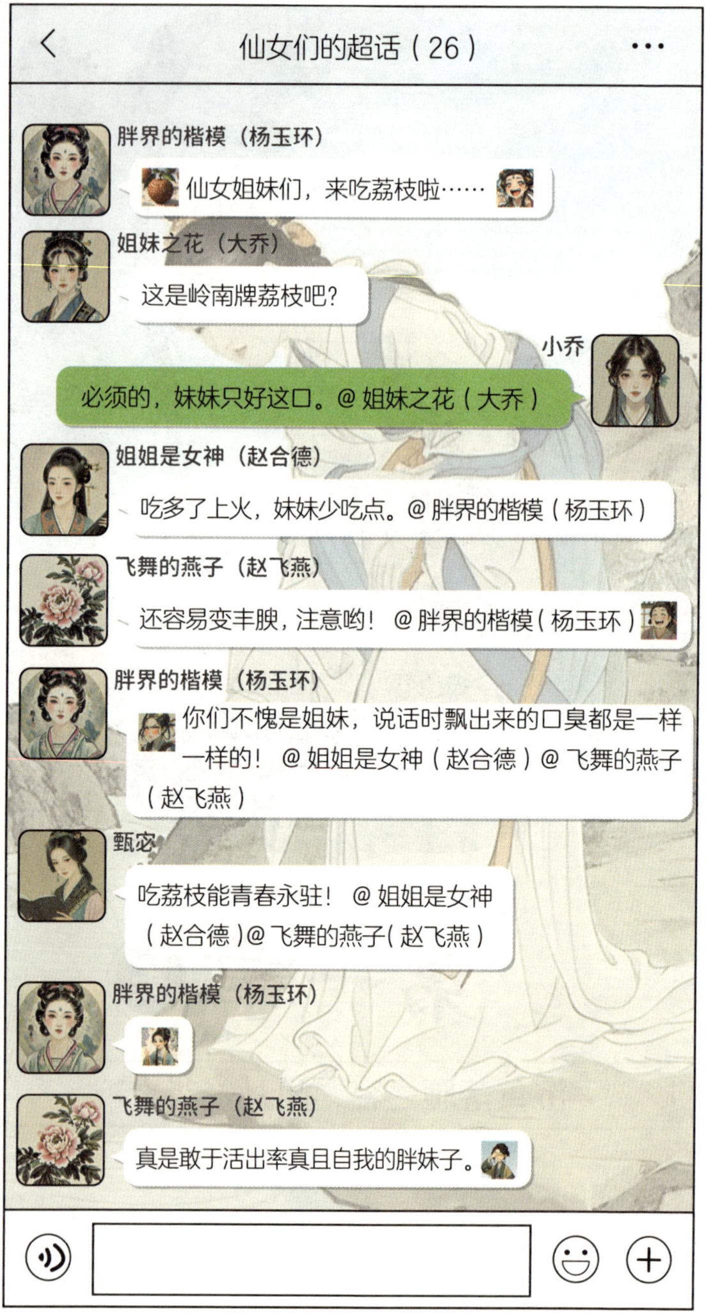
仙女们的超话（26）
胖界的楷模（杨玉环）
仙女姐妹们，来吃荔枝啦……
姐妹之花（大乔）
这是岭南牌荔枝吧？
小乔
必须的，妹妹只好这口。@ 姐妹之花（大乔）
姐姐是女神（赵合德）
吃多了上火，妹妹少吃点。@ 胖界的楷模（杨玉环）
飞舞的燕子（赵飞燕）
还容易变丰腴，注意哟！ @ 胖界的楷模（杨玉环）
胖界的楷模（杨玉环）
你们不愧是姐妹，说话时飘出来的口臭都是一样一样的！ @ 姐姐是女神（赵合德）@ 飞舞的燕子（赵飞燕）
甄宓
吃荔枝能青春永驻！ @ 姐姐是女神（赵合德）@ 飞舞的燕子（赵飞燕）
胖界的楷模（杨玉环）
飞舞的燕子（赵飞燕）
真是敢于活出率真且自我的胖妹子。

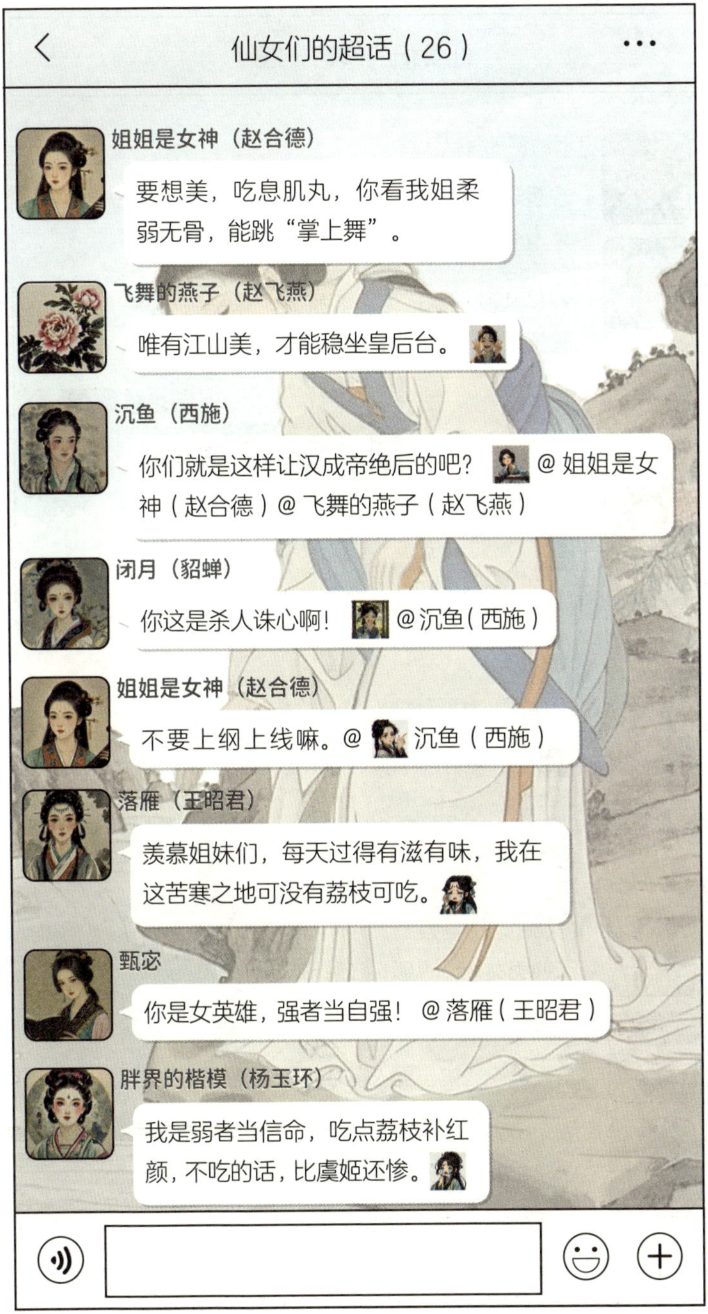
仙女们的超话（26）
姐姐是女神（赵合德）
要想美，吃息肌丸，你看我姐柔弱无骨，能跳“掌上舞”。
飞舞的燕子（赵飞燕）
唯有江山美，才能稳坐皇后台。
沉鱼（西施）
你们就是这样让汉成帝绝后的吧？ @姐姐是女神（赵合德）@飞舞的燕子（赵飞燕）
闭月（貂蝉）
你这是杀人诛心啊！ @沉鱼（西施）
姐姐是女神（赵合德）
不要上纲上线嘛。@ 沉鱼（西施）
落雁（王昭君）
羡慕姐妹们，每天过得有滋有味，我在这苦寒之地可没有荔枝可吃。
甄宓
你是女英雄，强者当自强！ @落雁（王昭君）
胖界的楷模（杨玉环）
我是弱者当信命，吃点荔枝补红颜，不吃的话，比虞姬还惨。

仙女们的超话（26）
飞舞的燕子（赵飞燕）
想起马嵬坡的往事了？ @胖界的楷模（杨玉环）
大乔
都是红颜祸水，何必笑别人，真是乌鸦笑猪黑，不看自己是啥色。
小乔
@姐妹之花（大乔）
沉鱼（西施）
闭月（貂蝉）
胖界的楷模（杨玉环）
姐妹之花（大乔）
落雁（王昭君）
天仙美女们，息怒！注意形象！
甄宓
女人美不是错，男人花才是罪！ @所有人
闭月（貂蝉）
美也是秀出自我！

西　施

从绝代佳人到家国情怀的传奇女子

在春秋末期的绍兴诸暨苎萝村（今浙江诸暨），有一处被岁月温柔以待的地方，那里山水如画，孕育了一位令世间万物都为之倾倒的女子——西施，亦称“西子”。苎萝村依山傍水，分为东、西二村，西施便出生于西村，故得此名。她的美，仿佛是天地间最纯净的恩赐，当她在河边浣纱时，清澈的溪水中，鱼儿们被她的倒影迷得神魂颠倒，竟忘记了游动，缓缓沉入水底。于是，世间便有了“沉鱼”这一绝美的词汇，用以形容她的倾城之貌。

然而，古语有云“红颜薄命”，似乎美貌总是与坎坷的命运相伴，西施亦未能挣脱这一宿命的枷锁。公元前494年，风云变幻，越国与吴国之间爆发了惨烈的夫椒之战。越国在这场战争中一败涂地，越王勾践无奈之下，只能向强大的吴国俯首称臣，沦为吴王夫差的人质。在吴国的三年岁月里，勾践忍辱负重，韬光养晦，最终得以重返故土，踏上复国之路。

回国之后，勾践卧薪尝胆，日夜思索灭掉吴国的办法。针对吴王好色的特点，谋臣文种想出了七条对付吴国的计策，其中最毒辣的一条便是“美人计”。于是，勾践命令商人范蠡到越国各地寻访美女。

一天，范蠡来到越国诸暨的苎萝村，遇到了郑旦和西施这对姐妹花，两人都美若天仙。范蠡情不自禁地爱上了西施，西施也对范蠡吐露了真情。就在这对恋人私订终身不久，文种的到来，让他们不得不分离，郑旦和西施也被带到了越国的京城会稽。

勾践见过郑旦和西施之后，非常满意，决定将她们献给吴王夫差。“大王，且慢！”勾践宠爱的一位宫女拦住了勾践，说道：“真正的美人必须具备三个条件：一是美貌，二是善歌舞，三是体态。现在她们两个人只具备了第一个条件，还称不上美人，就这样送给夫差，怎么堪当重任呢？”

勾践认为宫女说的言之有理，就找了老师专门教郑旦和西施歌舞、步履、礼仪。西施姐妹勤学苦练，三年之后，终于由浣纱女变成了举止优雅、能歌善舞的宫女。不久后，勾践就将郑旦和西施姐妹进献给了吴王夫差。

“美！太美了！”夫差第一次见到西施，眼珠子都快掉出来了。一日不见如隔三秋，夫差便命人在姑苏建造春宵宫，修筑大池，池中设有青龙舟，每天与西施泛舟游玩，还为西施建造了表演歌舞和欢宴的馆娃阁、灵馆，极尽奢华。

“大王，你有所不知，我最擅长跳‘响屐舞’，可这里哪有地方适合跳这种舞蹈呢？”西施嘟起嘴巴，假装生气。

“美人，别生气，我立马让人建就是了。”夫差轻轻拍着西施的肩膀，生怕他的美人生气。

很快，一条宏伟的“响屐廊”就建成了，在数以百计的大缸上面铺上木板，西施脚穿木屐，裙系小铃，翩翩起舞，铃声与大缸的回响声交织在一起，悦耳动听。夫差坐在一旁，微闭着眼睛，摇头晃脑，如醉如痴。

自此，夫差掉进了西施姐妹的温柔乡里再也出不来了。由于吴王沉迷酒色，荒于朝政，吴国渐渐衰落下去。越王勾践认为时机到了，公元前473年，越王勾践吞并吴国，吴王夫差自杀而亡，越王复仇成功。

至于西施去了哪里？众说纷纭，有人说她与范蠡有情人终成眷属，山居归隐；也有人说她在吴王自尽后沉江而死；还有人说她回到了浣江，终老于山林。

⊙佳人佳话⊙

提及西施，不少人会说她是“红颜祸水”。在男尊女卑的古代，女性不过是权贵之间相互赠送的“礼物”，或者是繁衍后代的工具。有多少女性能主宰自己的命运呢？连自己的命运都无法主宰，人们却将国家的兴亡归咎于“红颜祸水”，岂不是笑话？

唐代著名诗人罗隐曾写过一首诗，名为《西施》：“家国兴亡自有时，吴人何苦怨西施。西施若解倾吴国，越国亡来又是谁？”罗隐用这首诗来为西施鸣不平，若从越国人的角度来说，西施岂不是为越王的美人计而捐躯报国的“英雄”？

王昭君

美艳弃京华，和亲赴草原

在西汉的岁月里，有一位女子，她的名字如同星辰般闪耀在历史的长河中。她出身于平凡的百姓之家，却因一场和亲之旅，成为千古传颂的传奇人物。她就是王昭君（约前 54 年—前 19 年）。王昭君是秭归人（今属湖北宜昌），虽然生长于偏远的山村，但她天生丽质，容貌出众，最终被选入了汉宫。

王昭君对自己的美貌充满自信，她相信，只要她踏入皇宫，便能吸引皇帝的目光，让他为自己倾倒。然而，皇宫并非她生活过的小山村，这里美女如云，佳丽三千。时间悄然流逝，王昭君入宫多年，却连汉元帝刘奭的面都未曾见过。相传，这一切皆因她不肯向宫廷画师毛延寿行贿。毛延寿心生怨恨，便故意将王昭君画得容貌平平，甚至有些丑陋。于是，王昭君便被埋没在深宫之中，无法得到皇帝的宠幸。

眼看着大好的青春年华随着岁月一点点流逝，王昭君心中的怨气与日俱增，她很想逃离皇宫。就在这时，匈奴呼韩邪单于向汉朝求婚。刘奭决定选出五名美女，作为礼物送给呼韩邪单于。

王昭君心一横，主动站了出来，说道：“我愿意嫁到匈奴去！”美女选好后，朝廷举办了盛大的致赠礼物宴会，五名美女穿着华

丽的服装出现在众人面前，王昭君艳压群芳，光彩夺目。

汉元帝刘奭见到王昭君时，眼睛都看直了，说道：“宫中竟然有如此美若天仙的女子，我怎么不知道呢？”刘奭后悔莫及，可作为一国之君，话已经出口，不好再收回，他只好眼睁睁看着王昭君投入了呼韩邪单于的怀抱。

呼韩邪单于抱得美人归，心花怒放，叩头谢恩，激动地说道：“我愿意当汉朝的侍卫，代替汉朝边防部队，保卫边塞。”当时，北方的匈奴经过前代汉军的数次打击，已经四分五裂，形成了五单于并立的局面，最终分裂成了南北二部。后来，南匈奴呼韩邪单于被北匈奴郅支单于打败，为了寻求保护，呼韩邪就向汉朝称臣，成了汉朝属国，所以有了昭君出塞和亲这一幕。

不久后，王昭君跟着呼韩邪单于踏上了北去之路，眼看着离家乡越来越远，阵阵酸楚涌上心头，她不由得拨动了琴弦，奏起了离别之曲。南飞的大雁听到悦耳的琴声，顺着声音望去，看到了骑在马背上的王昭君，惊艳于她的美貌，竟然忘记扇动翅膀，纷纷跌落到了地上。所以，后人就用“落雁”来代称王昭君。

王昭君到达匈奴后，被封为王后。在西汉的支持下，呼韩邪控制了匈奴全境，为汉朝的边境稳定立下了汗马功劳。可命苦的王昭君只与呼韩邪单于共同生活了三年，呼韩邪单于就去世了。王昭君向汉朝朝廷上书请求回到家乡，但未能得到准允，而是让她遵从匈奴的风俗，又嫁给呼韩邪单于的长子复株累若鞮单于。直到去世，王昭君也未能回过一次家乡，她永远留在了茫茫的大草原。

昭君出塞，促进了汉朝与匈奴的和睦相处，为边境的稳定做出了巨大贡献。王昭君为此牺牲了自己的后半生，远离家乡和父母亲人，在苦寒之地孤独终老。

⊙佳人佳话⊙

唐代诗人杜甫写过一组诗《咏怀古迹》，其中第三首诗赞颂的就是王昭君，他是这样写的：

《咏怀古迹》

群山万壑赴荆门，生长明妃尚有村。

一去紫台连朔漠，独留青冢向黄昏。

画图省识春风面，环佩空归夜月魂。

千载琵琶作胡语，分明怨恨曲中论。

这首诗描写了王昭君凄凉的身世，在封建社会，王昭君所经历的一切，是她自己不能左右的，她只能被动接受，没有选择。

在古代，作为一名女性，就像王昭君，无论她生得多么美丽，有多么好的才艺，也只能顺从命运。不过，王昭君虽然不能左右自己的命运，但她可以辅助夫君和帮助子女，为汉、匈边境的和平稳定做出积极的贡献。她也因此被历史铭记！

赵飞燕姐妹

从歌妓到宠妃，绝代双姝的后宫传奇

“环肥燕瘦”是形容女性美的经典典故，其中“环”指的是唐代的杨玉环，她的美丰腴而华丽；“燕”则指的是西汉的赵飞燕，她的美轻盈而灵动。两位女性，不同的时代，不同的出身，却都成为美的代名词。

赵飞燕的人生，从一开始就充满了坎坷与无奈。她出生于西汉时期的都城长安一个普通的平民家庭。刚出生时，因家境贫寒，父母无奈将她遗弃在野外，任其自生自灭。然而，命运似乎并不打算轻易放过她。三天后，父母意外发现她竟奇迹般地存活了下来，于是又将她抱回了家。尽管如此，贫困的生活依然如影随形。赵飞燕稍大一些后，父母实在无力抚养，只能将她和妹妹赵合德一起送到了阳阿公主府中，做了婢女。

两姐妹虽然年纪不大，但都长得如花似玉，而且赵飞燕身材苗条，娇小柔弱，是一个跳舞的好苗子。于是，阳阿公主就让她做了一名歌舞伎。从此，赵合德抚琴，赵飞燕翩翩起舞，成为公主府一道亮丽的风景线，赵氏姐妹快乐幸福地生活着。

然而，这样无忧无虑的生活很快因为汉成帝刘骜的到来被打破。一天，汉成帝出宫游玩，来到了阳阿公主家，公主便请出赵氏姐妹表演节目，以取悦汉成帝。赵飞燕美丽的容颜、动人的歌喉、柔美的舞姿，把汉成帝迷得神魂颠倒，如醉如痴。

随后，汉成帝将赵飞燕姐妹带回宫中，封其为婕妤，赵氏姐妹俩宠贯后宫，其他嫔妃皆黯然失色。

可赵飞燕并不知足，她想除掉许皇后，自己坐上皇后的宝座。机会很快来了，许皇后的姐姐施用巫蛊诅咒后宫有身孕的妃子一事传出后，赵飞燕立即将此事告诉了汉成帝。当时汉成帝已经三十多岁了，还没有子嗣，这一直是太后王政君的心病，现在竟然出了这档子事，王政君勃然大怒，命人彻查此事，许皇后因此被废黜。

这件事之后，赵飞燕以为废掉许皇后自己当皇后就是水到渠成的事情，可她万万没想到，太后王政君不同意。王政君鄙夷地看了一眼赵飞燕，对汉成帝说道："一个歌舞伎出身的女人，岂能当皇后?"

赵飞燕因出身卑微，未能如愿，哭成了泪人。顿时汉成帝心疼不已，答应她一定会想办法。于是，汉成帝先封赵飞燕的老爹赵临为成阳侯。这样，老爹成了侯爵，赵飞燕的出身自然就高贵了，她被封为皇后便顺理成章了。

赵飞燕成为皇后后，汉成帝对她的宠爱却大不如从前，反而更宠爱妹妹赵合德。在长安昭阳宫中，汉成帝专门为赵合德建造了一座富丽堂皇的寝宫。即使这样，赵氏姐妹还是不满足，她们常常望着镜子中的自己，连声哀叹，担心有一天自己老去，会被打入冷宫，无人问津，凄苦地过完下半辈子。

于是，赵氏姐妹为了永葆青春，长期大量使用息肌丸，导致体内毒素积累，无法生育。在封建社会，母凭子贵，没有儿子，女人的地位岌岌可危，赵氏姐妹深知这个道理，便使出浑身解数迷惑皇上，不让他接近其他嫔妃。

可后宫佳丽三千，汉成帝又是一个好色之徒，她们对此也是防不胜防。在赵氏姐妹严防死守的情况下，一位曹姓宫女还是怀上了汉成帝的骨肉，并且生下一名皇子。赵合德得知此事后，恨得咬牙切齿，她杀死了这名宫女，送走了孩子。

曹宫女的麻烦事解决没多久，许美人又生了个皇子，赵飞燕寝食难安，因为许美人曾被提名为皇后，后来被赵飞燕夺走皇后的位置。现在许美人生了皇子，看来赵氏姐妹的地位不保了。赵合德便开始各种作妖，跪在汉成帝面前哭得梨花带雨，责问道："你让别的女人有了孩子，难道忘了对我们姐妹的承诺了吗？你说过永远不会辜负我们的。"

"我哪里有辜负你们啊？你不要多虑了。"汉成帝心虚地不敢看赵合德的眼睛。赵合德便闹得更凶了，她用手捶打自己的酥胸，又用头撞墙壁和门柱，把一哭二闹三上吊的把戏演绎得淋漓尽致。

无奈之下，汉成帝命人把许美人所生的男孩抱到了赵合德的住所，没过多久，男孩就夭折了。汉成帝亲手写了一张便条，让人把孩子埋在隐秘之处，不得让外人知道。最终，没有子嗣的汉成帝只好立侄子刘欣为太子。

公元前 7 年的春天，一向身强体壮的汉成帝突然暴毙在赵合德的床上，朝野震动，群臣把矛头纷纷指向赵氏姐妹，赵合德被逼自杀身亡。随即刘欣登基称帝，史称汉哀帝。哀帝有今天之地位与赵飞燕当初的拥立密不可分，故赵飞燕得以保全，并被封为皇太后，但一直被太皇太后王政君仇视。

人生无常，世事难料，汉哀帝在位仅七年便驾崩了。没有了汉哀帝这座靠山，赵飞燕的好日子也到头了。她被贬为庶人，并被命令去看守汉成帝的陵园。曾经飞黄腾达，如今落魄不堪，这种落差赵飞燕怎能承受得住呢？最终她和妹妹一样，也选择了自杀。

⊙佳人佳话⊙

李白有句诗写得好：“昔日芙蓉花，今成断根草。以色事他人，能得几时好？”花无百日红，人无千日好，一个女人再漂亮，也抵挡不住岁月带来的年老色衰，又何苦费尽心机，平添烦恼呢？

人生不过短短几十年，如果遇到不能为的事情，何不放下？知足常乐，淡然处事，在人生的跌宕起伏中平安地度过，是何其的幸福与快乐！

杨玉环

盛世繁华，马嵬坡的绝响

“云想衣裳花想容，春风拂槛露华浓。”这句诗出自唐代大诗人李白的手笔，赞美的是唐玄宗的宠妃杨贵妃。杨贵妃即杨玉环，是我国传统文化里公认的“四大美女”之一，她与唐玄宗演绎了一场轰轰烈烈的爱情故事，可结局却令人唏嘘不已。

杨玉环出生于官宦世家，爷爷、父亲、叔叔都是朝中官员，她的童年是在蜀州（今四川崇州市）度过的。在她十岁那年，父亲过世了，杨玉环便被寄养到了洛阳的叔叔家。杨玉环天生丽质，加之从小受到良好的教育，成为名副其实的才女，她精通音律，能歌善舞，尤其弹得一手好琵琶。

有一年，唐玄宗的女儿咸宜公主在洛阳举行了一场盛大的婚礼，杨玉环应邀参加。咸宜公主的弟弟寿王李瑁对杨玉环一见钟情，很快，杨玉环就成了寿王妃。婚后，夫妻相敬如宾，举案齐眉。

后来，李瑁的母亲武惠妃去世了，武惠妃是唐玄宗最宠爱的妃子。爱妃去世后，唐玄宗整日郁郁寡欢，后宫佳丽三千，但他一个都瞧不上。于是，有人出馊主意，悄悄地对唐玄宗说道：“陛下，寿王妃身材丰满，肤如凝脂，适宜将她安置在后宫……”

寿王妃毕竟是自己的儿媳，将儿媳占为己有，有失皇帝的身份，唐玄宗便想出了一个“曲线救国”的策略，以为窦太后（唐玄宗的母亲）祈福的名义，下诏命杨玉环出家做了女道士。

几年后，唐玄宗又给儿子寿王娶了一门亲事，重新册封了一名寿王妃，然后名正言顺地将杨玉环册立为贵妃。自此，杨玉环摇身一变，从儿媳变成爱妃。唐玄宗自从废掉王皇后，就没有再立后，杨玉环虽然只是个贵妃，但地位就等同于皇后。

杨玉环被册立后，唐玄宗对她的宠爱更甚，专供“贵妃院”差使的织绣工匠就有七百多人，从中央到地方，各级官府都争先恐后地向杨贵妃进献珍贵器具、宝物和服饰。

杨玉环喜欢吃荔枝，唐玄宗每年都会令岭南用驿马向朝廷进贡，为了保持荔枝的新鲜，不知累死了多少驿马，累坏了多少差役。“一骑红尘妃子笑，无人知是荔枝来”，唐代诗人杜牧的这句诗形象地描述了杨玉环的奢靡生活。

古人云，一人得道，鸡犬升天。杨玉环飞黄腾达了，也想让兄弟姐妹跟着沾光，

她只要在唐玄宗前面撒撒娇，用软软的带着鼻音的声音说道："陛下，我怎么能看到我的家人受苦?"然后又捂住胸口，说："这样我的心会不安的。"唐玄宗便乖乖地缴械投降了。

杨玉环的大姐、三姐、八姐分别被封为韩国夫人、虢国夫人、秦国夫人，每人每月的脂粉费都要十万钱，而且她的兄弟都当了高官，就连她的远房兄弟杨钊，一个市井无赖，都被赐名"杨国忠"，身兼数职，操纵朝政。

岁月如梭，韶光易逝。时间来到公元756年，这一年的年末，安史之乱爆发，唐朝将领安禄山与史思明率领叛军，很快攻下了东都洛阳，浩浩荡荡地向长安进发。不久，长安最后一道屏障潼关也被攻破了，长安危在旦夕。

在宰相杨国忠和杨氏姐妹的撺掇下，唐玄宗带着杨贵妃等人逃出长安，逃往成都。这天，唐玄宗一行人来到了马嵬驿（今陕西兴平西），随行的将士们走了很长的路，饥寒交迫，气愤不已，他们认为造成现在的局面与奸相杨国忠脱不了干系。于是，他们谎称杨国忠造反，将其杀死，还把他的脑袋砍下来放到了唐玄宗所住的驿馆门前，并把驿馆团团围住。

唐玄宗来到驿馆门前见到这一幕，大惊失色，踉跄了两步，差点跌坐在地上。龙武大将军陈玄礼上前扶住唐玄宗，说道："陛下，现在宰相已经被杀，杨贵妃是他的堂妹，如果让贵妃继续留在陛下身边，恐怕说不过去。因此，请您下令处死她。"

"这……"唐玄宗的胸口好像被人狠狠地扎了一刀，那是他最爱的妃子，怎么能狠心杀死呢？可看着怒火中烧、久久不肯离去的将士们，唐玄宗知道自己别无选择，便派宦官高力士处死杨贵妃。一个美人就这样香消玉殒了，她的生命如同一场梦，短暂却美丽得令人窒息。

杨贵妃的故事，是一场关于爱情与命运的传奇。她的美丽与才华，她的奢华与悲剧，都成了历史的注脚。她的故事让我们看到了爱情的美好，也看到了命运的无常。

⊙佳人佳话⊙

李白、白居易等人都创作过诗词赞美杨贵妃，如李白写有“一枝红艳露凝香，云雨巫山枉断肠”，白居易写有“回眸一笑百媚生，六宫粉黛无颜色”等。

唐玄宗为何如此痴迷杨贵妃呢？仅仅是因为她的天生丽质吗？不尽然，杨贵妃的美不仅在于外貌，更在于内在。她精通音律，能歌善舞，善解人意。

女人有倾国倾城之貌固然好，但随着时间的流逝，皮相的外表终会老去，只有内心的美才能够永远熠熠生辉。在现实生活中，男人真正深爱的往往是内外兼修的女人。因为美丽的外表虽然会让男人眼前一亮，但倘若没有涵养和风骨，是无法真正让一个男人对她念念不忘的。

甄 宓

三国第一美女，从宠溺到被弃的悲情一生

在时尚与历史的交汇处，有这样一位女性，她的名字或许你并不陌生，但她的故事却值得我们细细品味。她就是甄宓，三国时期的第一美女，一个集美貌与智慧于一身的传奇女子。

童年时期的甄宓最喜欢做的事情就是读书。她不仅博览群书，而且只要是看过的书，很快就能领悟其中的意思。哥哥常常嘲笑她说："一个女孩子，读书有何用，难道长大了还能当官？你应该好好学习女红。"甄宓很不服气，怼道："古时贤德的女子都是通过学习前人成败的经验来警示自己的。如果不读书，靠什么来借鉴呢？"

汉末，天下大乱，灾荒不断。为了活命，百姓都将家中值钱的东西卖掉，换成粮食糊口。由于甄家储备了大量的粮食，便借机收购了不少金银珠宝。只有十几岁的甄宓十分同情百姓的疾苦，劝母亲说："乱世求宝，并不是善举，还有可能招来灾难，现在百姓食不果腹，尸横遍野，不如开仓放粮，赈济父老乡亲，这才是善举。"甄家人认为甄宓说得有道理，便将家中的粮食无偿地分给了受苦的百姓。

甄宓有过两任丈夫。她的第一任丈夫是袁熙，袁熙是袁绍的次子。婚后，袁熙在幽州做刺史，甄宓则留在邺城照顾婆婆刘氏。几年后，曹操攻下邺城。相传曹丕先带人闯进了袁府，看到一个披头散发、灰头土脸的少妇躲在刘夫人（袁熙的母亲）的身后。曹丕走上前，挽起她的发髻，擦净她的脸庞，见此女子面容清秀，美貌非凡，连忙问刘夫人，“她是谁?”刘夫人回答：“她是袁熙的妻子。”

后来，曹丕迎娶了甄宓。甄宓是一个识大体顾大局的女人，常常劝曹丕多娶贤良淑德的女人，这样才能使子嗣旺盛。曹丕身边美云如云，这么多女人争风吃醋自然少不了，但甄宓都处理得很好。对于那些受宠的女人，甄宓鼓励她们要上进，做曹丕的贤内助；对于那些不被宠爱的女人，她也对她们进行安慰开导。

公元220年正月，曹丕登上皇位，成了魏朝的开国皇帝，有些人为了巴结、讨好曹丕，将漂亮的女子送给他。花无百日红，人无千日好。随着年龄的增长，甄宓怎么能敌得过这些青春靓丽的小美人呢? 她的心里渐渐不平衡了，怨恨曹丕喜新厌旧，不念旧情。

后宫向来是非多，后宫女人一旦失宠，命运就会急转直下。当时曹丕身边有一个受宠的女子郭氏，在曹丕面前造谣生事，说了不少甄宓的坏话，曹丕遂将旧爱甄宓赐死。甄宓死后，曹丕又命人用头发盖住她的脸，用糠塞住她的嘴巴，从而使她的灵魂无处申冤。

甄宓与曹丕生有一子一女，儿子曹叡就是后来的魏明帝，曹叡继位后，数次向郭太后（当年受宠的郭氏）追问母亲的死状，郭太后毫无悔过之意，反而趾高气扬地质问道：“你母亲是先帝所杀，你为什么要来责问我？要怪就要怪你的父亲，况且你作为人子，不能因为亲生母亲杀害后母吧？”

郭太后的这番话，就像点燃了火药桶，魏明帝暴跳如雷，随后逼死了郭太后，并追尊生母甄宓为文昭皇后。

甄宓的一生，如同一朵在乱世中绽放的牡丹，美丽而短暂。她的故事，让我们看到了一个女性在动荡时代中的坚韧与无奈，也让我们感受到了她对礼仪、智慧与美德的坚守。在历史的长河中，甄宓或许是一个悲剧人物，但她的才情与智慧，却如同璀璨星辰，永远闪耀在那个波澜壮阔的三国时代。

⊙佳人佳话⊙

《后汉书》中有这样一句话：“贫贱之知不可忘，糟糠之妻不下堂。”意思是说，对贫穷卑贱的知心朋友不可忘，对曾经共患难的妻子不可抛弃。曹丕迎娶甄宓时，尚未称帝。他跟随父亲曹操南征北战，甄宓在家照顾家人，是绝对的贤妻良母。可曹丕称帝后，有了新欢，就忘了旧爱，冷落了甄宓不说，还听信谗言赐死甄宓，使其结局悲惨，令人唏嘘。

古也好，今也罢，男人因为有了金钱与权势，就抛弃当初同甘共苦的糟糠之妻的例子，不胜枚举。由此可见，女人选择男人一个重要的标准就是人品，婚姻生活注定会有很多琐碎和凌乱，但人品好的男人能守得住底线，经得住贫穷与富贵的考验，能够患难与共，夫妻感情也更长久。

·人生悟语·

从古至今，人们对美女的看法往往大同小异，那些容貌姣好、仪态优雅的女子，就被称为美女。美女，让人赏心悦目，心旷神怡。世人大多是凡夫俗子，有谁拒绝得了美的诱惑呢？

然而，对于美女来说，若唯有美貌可依靠时，那美貌就成为一种灾难。因为容颜易老，再美丽的容颜也禁不住岁月这把无情的刻刀。

俗话说，好看的皮囊千篇一律，有趣的灵魂万里挑一。所以，奉劝现在的美女们，切勿被浮云遮望眼，万不可沉浸在孤芳自赏之中，要明白“花之千叶者无实，为其华美太发露耳”的道理。牢记：唯有内外兼修，方能长久。

第二章 才

气质美如兰，才华馥比仙

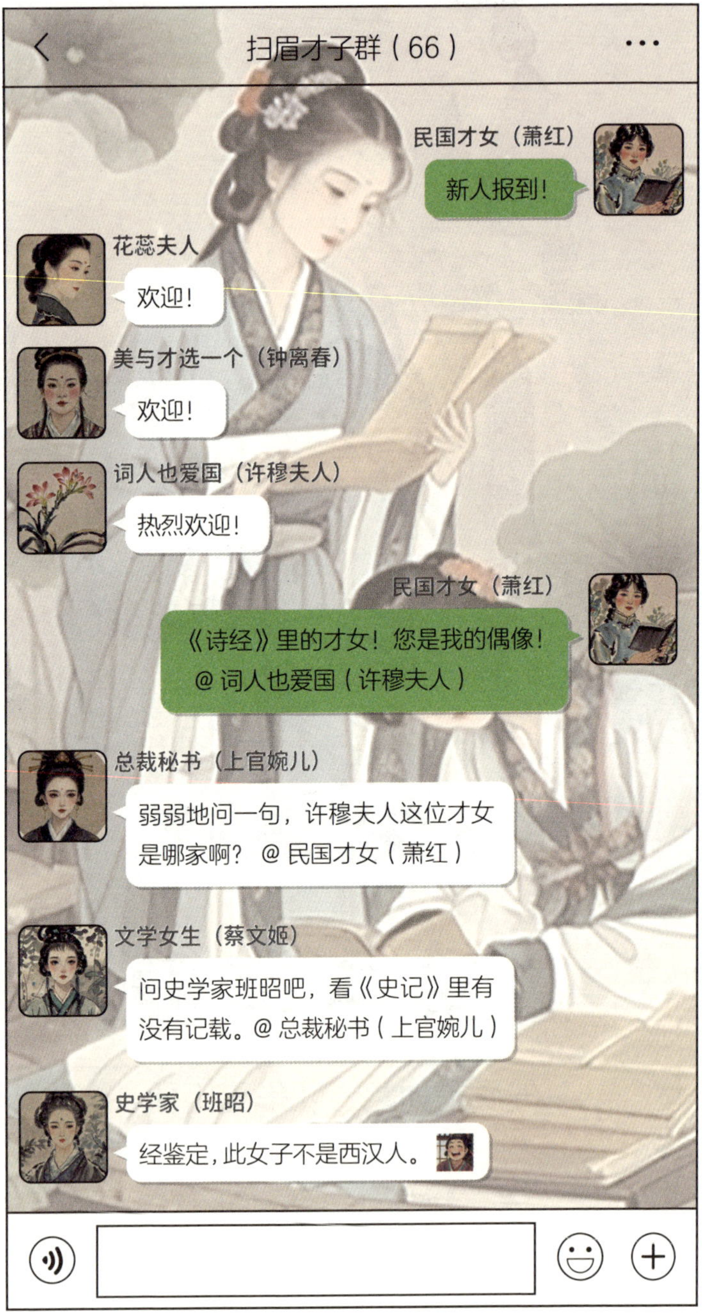

扫眉才子群（66）
民国才女（萧红）
新人报到！
花蕊夫人
欢迎！
美与才选一个（钟离春）
欢迎！
词人也爱国（许穆夫人）
热烈欢迎！
民国才女（萧红）
《诗经》里的才女！您是我的偶像！@词人也爱国（许穆夫人）
总裁秘书（上官婉儿）
弱弱地问一句，许穆夫人这位才女是哪家啊？@民国才女（萧红）
文学女生（蔡文姬）
问史学家班昭吧，看《史记》里有没有记载。@总裁秘书（上官婉儿）
史学家（班昭）
经鉴定，此女子不是西汉人。

扫眉才子群（66）
民国才女（萧红）
我是“中华民国”时期的人，各位都是我的前辈。
建筑学女神（林徽因）
萧红妹妹是民国才女，二十世纪三十年代的文学洛神。
民国才女（萧红）
不敢当，姐姐才是民国女神，了不起的大建筑师。@建筑学女神（林徽因）
文学女生（蔡文姬）
两位都是女神，就不要谦虚了！ @民国才女（萧红）@建筑学女神（林徽因）
建筑学女神（林徽因）
不敢当，您博学多才，又精通音律，是我的偶像，爱你呦！ @文学女生（蔡文姬）
文学女生（蔡文姬）
谬赞了。
千古第一才女（李清照）
您是我的前辈，多多指教啊！ @文学女生（蔡文姬）
民国才女（萧红）
这不是一代词宗吗？送一朵小花表达我对您的敬意！ @千古第一才女（李清照）

扫眉才子群（66）
千古第一才女（李清照）
都是才女，不分高低。
谢道韫
各路大神都齐聚于此，场面快控制不住了，哈哈……
贺双卿
……
史学家（班昭）
出来说句话啊，老前辈！ @ 许穆夫人
许穆夫人
今天天气晴朗，适宜写爱国诗，姐妹们，我先忙去了。@ 所有人

许穆夫人

从深宫到战场，她用诗篇点燃爱国烽火

春秋时期，有一位才情横溢的女子，她的名字被镌刻在历史的长河中，成为中国文学史上第一位爱国女诗人，同时也是世界文学史上最早的爱国女诗人之一。她就是许穆夫人。

许穆夫人（约前 690 年—前 610 年），出生于卫国朝歌，出身于显赫的皇族。她是卫宣公庶子卫昭伯的女儿，卫国君主卫懿公的妹妹。她气质非凡，自幼便表现出非凡的文学天赋和爱国情怀。她的诗作充满了对家国的热爱与忧虑，字里行间透露出一位女性诗人的坚韧与担当。因才貌出众，齐国和许国都派使者前来求婚。为了娶到许穆夫人，许国下了血本，送出重礼，目光短浅的卫懿公便决定将妹妹嫁给许国国君。许穆夫人是一个高瞻远瞩的女人，她对于这样的安排很不满意，亲自与卫懿公理论，她说道：“大王，您让我嫁到许国不如嫁到齐国。”

卫懿公把玩着许国送来的金银珠宝，漫不经心地说道：“为什么呀？”

“许国国小，国力弱，与我国的距离又远，一旦我国受到他国的攻击，许国哪里有能力来救援啊？”许穆夫人顿了顿，继续说道，“齐国就不一样了，我若嫁到齐国，我国在危难之际就可以得到齐国的救援。”

“你一个女人懂什么？国家大事岂是你能决定的？”卫懿公十分恼火，赶走了许穆夫人，坚持让她嫁给许国国君许穆公为妻，这就是“许穆夫人”称呼的由来。

远嫁他乡后，许穆夫人无时无刻不在思念家乡，久而久之，思念成疾。她常常站在高处，望向故乡的方向，借诗咏志，以缓解思乡之情，先后作有《鄘风·载驰》《卫风·竹竿》和《邶风·泉水》等诗，有时也会采集一种叫作虻（méng）的中草药治疗抑郁。

公元前660年，北狄入侵卫国，卫懿公兵败被杀，卫国的老百姓渡过黄河，逃到了南岸的漕邑。国破家亡，百姓流离失所。当许穆夫人听到这一噩耗后，悲痛欲绝，发誓一定要报仇雪恨，重建卫国。她跪在地上，拉着许穆公的衣角，痛哭流涕，再三请求道：“大王，请您出兵救救卫国吧？”

“这北狄……凶猛得很啊！”许穆公胆小如鼠，十分惧怕北狄，他怕引火烧身，躲还来不及，怎敢出兵援卫呢？

“既然大王不肯出兵，那我就自己去！我不会眼睁睁地看着我的国家就这样灭亡了！”许穆夫人又气又恨，登上战车要赶赴漕邑。许国的大臣们拉着马的缰绳，不肯让她离开，指责她不顾全大局。

许穆夫人去意已决，并写下千古名篇《载驰》，表明自己归国的决心，许国大臣们只得让步。许穆夫人快马加鞭赶回卫国，从马车上卸下物资，救济难民，随后与卫国的君臣一起商量复国大计。

要复国必须先自强，许穆夫人等人招来四千多名百姓，让他们一边安家谋生，一边整军操练。同时，许穆夫人派出使者向齐国求援，齐国国君齐桓公被许穆夫人的爱国情怀深深打动，派儿子无亏率兵三千人、战车三百乘前往卫国救援。与此同时，周边的宋国、许国等也派兵来参战。很快，卫国就收复了失地，又经过两年的努力，卫国在楚丘（今山东曹县）重建都城，让卫国的历史又延续了四百余年。

⊙佳人佳话⊙

《诗经》是我国第一部诗歌总集，许穆夫人有三首诗被收录其中，她是名副其实的中国美女作家的鼻祖。如果用一句诗来形容她的话，“绝世红颜矗风雨，挺身而出是为卫”最合适不过。

《鄘风·载驰》云：“载驰载驱，归唁卫侯。驱马悠悠，言至于漕。大夫跋涉，我心则忧。既不我嘉，不能旋反。视而不臧，我思不远。既不我嘉，不能旋济。视而不臧，我思不閟。陟彼阿丘，言采其蝱。女子善怀，亦各有行。许人尤之，众稚且狂。我行其野，芃芃其麦。控于大邦，谁因谁极？大夫君子，无我有尤。百尔所思，不如我所之。”

许穆夫人之所以会被载入史册，不仅是因为她的绝世容颜，更是因为她的才华和崇高的爱国情怀。能被人欣赏、铭记，一定是始于颜值，敬于才华，终于勇气与家国情怀。

蔡文姬

从悲欢离合到绝世风华，她的故事震撼人心

东汉末年到三国时期盛产美女，貂蝉、大小乔也位列其中，但要说这个时期的才女，则非蔡文姬莫属了。蔡文姬，名琰，陈留郡圉县（今河南省开封杞县圉镇）人，妥妥的一枚学霸二代，因为她的父亲是著名的文学家蔡邕。蔡邕是东汉时期的名臣，才华横溢，精通音律与书法，创立了飞白书字体，对后世影响极大。

蔡文姬完美地遗传了父亲的才华，她勤奋好学，博学多才，能听音辨琴。有一天晚上，蔡邕在房间里弹琴，忽然琴弦断了一根，蔡文姬连头都没有抬，脱口而出：“是第二根弦断了。”蔡邕很吃惊，觉得不可思议，转念一想，这可能是女儿胡乱猜的，便继续弹琴。为了试探女儿，他故意拨断了一根琴弦，对女儿说：“你猜一猜这次断的是第几根？”蔡文姬不假思索地说：“第四根琴弦断了。”答对了，蔡邕这次彻底服气了。

蔡文姬长大后，嫁给了河东卫仲道。卫家是河东世家大族。可她嫁过去没多久，丈夫就去世了，蔡文姬便回到了娘家。当时是东汉末年，国家内忧外患，中原地区的董卓和李傕等人在关中频频作乱，东汉属国南匈奴也趁机叛乱，蔡文姬不幸被匈奴掳走，

在匈奴部落生活了 12 年之久，被迫生下两个孩子。

数年后，曹操做了丞相，掌握了东汉朝廷大权，由于酷爱文学，常与蔡邕一起讨论文学与书法。闲谈之中，曹操得知蔡邕的女儿蔡文姬被匈奴掳走一事，便派人花重金赎回了蔡文姬。之后做媒将蔡文姬嫁给了董祀，董祀是曹操手下的一个小官。

回到汉朝后不久，蔡文姬作了一首五言古体诗《悲愤诗》，这是我国古代诗歌史上第一首自传体长篇叙事诗，该诗 108 句，共计 540 字，字字血，句句泪，讲述了她被匈奴掳走、被赎回后被迫骨肉分离的凄凉场景，以及回到家乡后的孤独感、惆怅感。

蔡文姬回到家乡时，父亲已离世，家中已无亲人，丈夫董祀是她全部的依靠。可安稳的日子没过多久，董祀就犯了死罪，唯一的亲人也要离自己而去，蔡文姬不禁悲从心中来，匆匆忙忙地跑到曹操府上，为丈夫求情。

当时曹操正大摆宴席，招待公卿名士以及远方而来的使者，手下的人来报说蔡文姬在门外请求面见。蔡文姬为何事而来，曹操心知肚明，对众宾客说道："蔡邕的女儿蔡文姬现在就站在门外，今天借这个机会给大家引荐一下，让你们看看名门之后的风采。"

不一会儿，蔡文姬被领了进来，众宾客目瞪口呆，只见蔡文姬披头散发，打着赤脚，进门之后，"扑通"一声跪在地上，不停地叩头谢罪。"明公，请您饶恕董祀吧！他是我在这个世上唯一的亲人了！"

当时正值数九寒天，天气异常寒冷，听闻丈夫犯事，蔡文姬情急之下头发未梳，袜子未穿，显得十分邋遢。尽管她冻得身体直打哆嗦，但说起话来条理清晰，逻辑分明，感人至深，众宾客见之无不动容。曹操也心生怜悯，对蔡文姬说道："你确实很可怜，但判状已经传达下去了，你让我怎么办呢？"

"明公的马厩里良马无数，帐下虎士成林，为了救下一条生命，怎么能吝啬一马一卒呢？"曹操被蔡文姬问得无话可说，只好赦免了董祀，又命人给她拿来头巾和鞋袜保暖。

稍作休息后，蔡文姬的身子逐渐暖和起来，脸色也红润了许多，曹操又问道："我听说你父亲收藏了不少古籍，你还记得吗？"

蔡文姬回答说："亡父的确给我留下了4000多卷书，但发生了那么多变故，颠沛流离，不少书都不见了，我现在能记下来的只有400多篇。"

"好，那我给你派10个书吏，把你能背诵的书卷全部记录下来，如何?"曹操激动地说道。蔡文姬有些难为情，踌躇了片刻后，她说道："男女有别，多有不便，不如我亲自写下来，无论您是让我写楷书还是草书，都没有问题。"

于是，蔡文姬将能够背诵的古籍全部抄写下来，交给了曹操。令人惊奇的是，所记录的内容准确无误，没有半点差错。

⊙佳人佳话⊙

唐代韩愈曾称赞蔡文姬："中郎有女能传业!"这里的"中郎"是蔡邕的别名，一个大文豪能对一名女子有这么高的赞誉，可见蔡文姬是多么得优秀。

蔡文姬的一生颠沛流离，有过三次婚姻，经历了丧偶、被匈奴掳走羞辱、骨肉分离之苦。如果没有一个强大的内心，是很难熬过一次又一次人生劫难的。蔡文姬坚守信念，最终得以重回故土。

那么，是什么力量让蔡文姬支撑下来了呢？应该是她博览群书的缘故，读书给了她强大的精神力量。苦难虽带给她伤害，却无法将她打败。我们学习蔡文姬，就是要学习她多读书，用书籍滋养心田，强大自己。

班 昭

才情与智慧，续写《汉书》的女史学家

在中国古代文学的璀璨星空中，《汉书》犹如一颗耀眼的星辰，与《史记》齐名，成为史学领域的经典之作。这部伟大的史书得以流传至今，离不开班家两代人的不懈努力。

《汉书》的编撰始于班固，他在父亲班彪《史记后传》的基础上，倾尽心血撰写这部鸿篇巨著。然而，正当班固全力投入编撰工作之时，匈奴在边境挑衅，大将军窦宪奉命北伐。班固毅然投笔从戎，随窦宪奔赴前线，抗击匈奴。于是，《汉书》的编撰工作暂时搁置。

原本，人们期待班固凯旋，继续完成这部伟大的著作。然而，命运却开了一个残酷的玩笑。窦宪因擅权被杀，班固受牵连而死于狱中。《汉书》的编撰工作因此陷入了困境，这部未完成的巨著该如何继续呢？关键时刻，汉和帝将目光投向了班固的妹妹——班昭。

班昭，东汉时扶风安陵（今陕西咸阳）人。老班家人才辈出，班彪的大儿子班固是史学家、文学家，二儿子班超是军事家、外交家，还有一个小女儿就是班昭。她生在书香门第，自幼博览群书，博古通今，学识渊博，尤其对史籍和儒家经典颇有研究，汉和帝要她续写《汉书》，绝对是明智之举。为了完成这部著作，汉和帝还允许她到皇家东观藏书阁内查阅史料。

在皇家藏书阁内，班昭废寝忘食地工作，她认真查阅，反复核对后，再工整地写到纸张上。最后终于将《汉书》整理、续写完成，完成了父兄未完成的使命。《汉书》是我国第一部纪传体断代史，历时20余年写成，记述了西汉230年的历史。

女子修史，前无古人后无来者，班昭是千古第一人。编撰完《汉书》后，汉和帝经常召班昭入宫，让她为宫中的嫔妃们讲学，大家敬重地称她为“大家”。在东汉时期，人们会把有学识有品性的女性尊称为“大家”。

班昭不只是一个史学家，还是一个有大智慧、很有政治头脑的女人。

她的二哥班超奉命出使西域，驻守西域31载，使西域50多个国家归附了汉王朝，功高盖世，被封为“定远侯”。

久居异地数十载，年迈思乡情更切，班超多次上书朝廷请求回国，却迟迟盼不到朝廷的消息。后来，班昭上书汉和帝，说道：“班超刚出塞时，恰逢西域都护陈睦被害，便做好了为国捐躯的准备。幸运的是，他凭借一己之力，扭转了西域的局势。岁月悠悠，如今30年过去了，班超已经70岁，体衰多病，即使想竭尽全力报国，也已经力不从心。古人15岁从军，60岁还乡，所以我冒死请求陛下让班超回家。班超在壮年的时候尽忠在沙漠之中，若年老了还死于沙漠的荒野，实在是太悲哀了！”

才女之名果然名不虚传，奏章写得丝丝入扣，感人肺腑，汉和帝看过后，非常感动，立即召班超回朝。但由于路途遥远，舟车劳顿，加上班超本身患有疾病，回家后一个月就病逝了。

班昭虽是一名女性，但在治理国家方面很有天赋，是邓太后的幕后智囊。汉和帝去世后，邓太后临朝听政，特许她的好闺蜜班昭参与政事。班昭熟读史书，对各朝各代的兴衰成败都了解得一清二楚，有她在背后出谋划策，邓太后处理起国家大事来得心应手，令大臣们心服口服。

有一年，邓太后的哥哥大将军邓骘以母亲去世为由，上书朝廷请求辞去官职。邓太后有意挽留，但听了班昭的建议后，改变了看法。班昭说："我听说最高尚的品德莫过于谦让，先贤伯夷、叔齐互让国君，天下人敬佩他们的高风亮节；太伯让位于季历，得到孔子盛赞，所以他们的美德能够远扬。现在四位国舅坚守忠孝，主动辞官，若您不允许，日后国舅稍有过失，就会失去谦让的美名。"

在班昭的帮助下，邓太后将国家管理得有声有色，世人无比敬佩。虽然朝野上下皆知班昭是邓太后背后的智囊，却无人指责她干预朝政，反而都盛赞她的英明。邓太后也十分庆幸自己有这么一个能干的好友，对她感激不尽。后来，班昭去世，邓太后十分悲痛，得知消息后立马换上素服哀悼，为班昭举办了隆重的葬礼。

⊙佳人佳话⊙

南宋学者徐钧曾这样评价班昭："有妇谁能似尔贤，文章操行美俱全。一编汉史何须续，女戒人间自可传。"

作为第一位女史学家，班昭千古留名，光彩照人。这说明知识的可贵，无论是在什么时代，那些有思想、有文化的女性，都是受人欢迎和尊重的。在竞争激烈的当下，女性要获得从容和自信，就更需要用知识武装大脑。

李清照

从婉约词宗到乱世佳人，她的传奇一生

在我国历史上，有一位女词人将婉约词风推向了极致，她存世的作品虽只有七八十篇，却拥有“一代词宗”的美誉。她的一生跌宕起伏，历经国破、家亡、财散、再婚、离婚，却依然活出了真性情，这位女豪杰便是两宋间的李清照。

李清照（1084—1155年），齐州章丘（今山东济南章丘区）人，出身于书香门第。父亲李格非进士出身，他是苏轼的学生，在朝中担任要职。她的母亲王氏，文学修养也很高。李清照的少女时代生活得非常幸福，很早便显露才华，为后世广为传诵的著名辞章《如梦令·常记溪亭日暮》：“常记溪亭日暮，沉醉不知归路。兴尽晚回舟，误入藕花深处。争渡，争渡，惊起一滩鸥鹭。”描写的就是她少年时期的快乐生活。

时光匆匆，转眼间李清照长成了一个秀丽端庄的大姑娘，18岁那年，她与21岁的太学生赵明诚在汴京成婚。赵明诚的父亲赵挺之是朝中高官，但赵明诚毫无纨绔子弟的习气，他喜欢金石字画，每次从学校回来，都会去相国寺市场买一些碑文和零食，回到家中，小两口一边吃零食，一边欣赏碑文。

后来，赵明诚步入仕途，有了一定的经济来源，但小两口依然过着简朴的生活。虽然赵家有很多藏书，但他们觉得远远不够，通过亲戚朋友想方设法地把朝廷馆阁中收藏的罕见珍本秘籍都借过来，认认真真地抄写下来，特别是遇到了古人的书画和夏商周时期的古器，一定会花重金购买，甚至会“脱衣市易”。

由于将大部分钱财都用在了藏书、购买古器上，赵明诚和李清照生活得十分清贫，但他们是幸福和快乐的。夫妻琴瑟和鸣，

令人羡慕不已。可好景不长，李清照的父亲李格非卷入朝廷内部的新旧党争，并因“元祐党人”的罪名被逐出京城。丈夫赵明诚是丞相之子，李清照与赵明诚硬生生地被拆散了。离开赵家，汴京已经没有容身之地，李清照只好离开京城回到了老家山东章丘，投奔先行被遣归的家人。

一年后，朝廷大赦天下，李清照终于可以与赵明诚团聚。可是美好的时光总是那么短暂，两年后，赵明诚父亲赵挺之病逝了。因赵挺之生前得罪了宰相蔡京，赵明诚遭到蔡京的诬陷，赠官被追回，赵明诚与李清照在京城的生活举步维艰，他们只得到青州生活，好在夫妻相互支持，继续收集金石古籍，进行文学创作，度过了一段清静和美的岁月。

然而，岁月无情。1127 年，金人大举南侵，爆发了“靖康之变”，北宋灭亡。赵明诚因母亲病逝于江宁（南京），南下奔丧。北方局势越来越紧张，李清照着手整理家里的收藏，带着 15 车书籍器物，前往江宁与丈夫会合。自此，夫妻二人度过了最后的一段时光，一年半后，赵明诚病逝。

丈夫去世后，李清照为了保存书籍文物四处奔波，可当时兵荒马乱，在颠沛流离中文物遗失殆尽，铜器等物也“贡献”给了朝廷。1132 年，李清照辗转来到杭州，文物古籍的散失让她痛苦万分，加上长时间的逃亡生活，使她陷入走投无路的境地，在孤苦无依中，她嫁给了张汝舟。

然而，张汝舟并非真心喜欢李清照，他只是觊觎她的收藏罢了，所以在得知李清照并没有多少财物时便原形毕露，对李清照进行家暴。李清照忍无可忍，因发现张汝舟有营私舞弊、贪赃枉法的罪行，遂向官府告发了张汝舟，并成功离婚。

经过了一连串的打击后，李清照并没有心灰意冷，而是将全部的精力和热情都用在文学创作上，她完成了词作《打马赋》《武陵春》及诗作《题八咏楼》等作品，这些作品表达了反击侵略、收复失地的强烈愿望，以及无家可归的愁苦。遗憾的是，南宋是个偏安的国家，她的这个愿望并没有在生前实现。1155年，72岁的李清照在孤苦、凄凉、失望中悄然离世，一代词宗从此陨落。

⊙佳人佳话⊙

在济南趵突泉公园李清照纪念堂中，有诗人臧克家的一对楹联："大河百代众浪齐奔淘尽万古英雄汉，词苑千载群芳竞秀盛开一枝女儿花"，寥寥几句话高度概括了李清照在诗词创作方面的地位，李清照"千古第一才女"之称名不虚传。

除了过人的才气，生逢乱世，李清照跌宕起伏的一生也令人唏嘘不已。她的人生经历告诉我们，谁也不知道明天和意外哪一个先到来。当苦难真正来临的时候，你可能会失去所有的亲人和依靠，唯一能让你渡劫的只有自己和沉淀下来的思想。

萧 红

从《生死场》到《呼兰河传》，文学洛神的不朽之作

在民国时期，文坛上曾涌现出四位令人瞩目的才女——吕碧城、萧红、石评梅和张爱玲。她们以独特的才华和不凡的人生经历，在中国现代文学史上留下了浓墨重彩的一笔。其中一位从哈尔滨走出的东北姑娘——萧红（1911—1942年），她本名张秀环，却以“萧红”之名，成为20世纪30年代的“文学洛神”，用文字书写了一个时代的悲欢离合。

1931年，东北沦陷，日本侵略者与汉奸狼狈为奸，镇压、逮捕、迫害抗日爱国人士。看到自己家园被毁、同胞被害，萧红义愤填膺，她决定和鲁迅先生一样，用笔杆子做刀枪去战斗，为革命做贡献。

1933年，萧红和萧军合著的小说散文集《跋涉》出版后，在东北引起了很大的轰动，这本书揭露了日伪统治下社会的黑暗，歌颂了人民的觉醒与抗争的不屈意志，狠狠地打击了日本侵略者和汉奸的嚣张气焰。然而，这本书出版没多久，就被日本特务查封，成了“禁书”。

为了防止遭到敌人的迫害，在中共地下党组织的安排下，萧红等人从哈尔滨逃往青岛，这一年萧红只有 20 岁，或许她自己都没有想到，这一走就再也没有回到过故乡。萧红在青岛停留的时间并不长，只有半年，她在这里完成了中篇小说——《生死场》，主要写了几个家庭的故事，讲述了日本的侵略给打渔村带来的灾祸。

没过多久，白色恐怖也笼罩了青岛，国民党特务机关到处搜捕共产党员，萧红有不少共产党员朋友，由于担心受到牵连，她决定逃亡上海。接二连三的逃亡，让萧红几乎陷入了绝境，吃饭都成了问题，吃了上顿没下顿。

幸运的是，她在上海遇到了贵人——鲁迅先生，鲁迅为她的小说《生死场》作序，并帮助她顺利出版。在鲁迅先生的指导下，萧红的写作水平如芝麻开花节节高，很快就成了在国际上非常有影响力的女作家。

可在炮火纷飞的年代，哪里会有安全之所呢？1937 年，“七七事变”爆发后，日军侵占了上海，萧红背上行囊继续逃亡，先后到过武汉、重庆。在逃亡的路上，她一直坚持创作，发表了《天空的点缀》《失眠之夜》《在东京》《火线外二章：窗边、小生命和战士》等散文，对宣传推动全民抗战起到了积极的作用。

几经辗转，萧红来到了香港，在这里完成了她的长篇小说《呼兰河传》。萧红的童年和少年时期就是在呼兰这座小城度过的，这本书讲述了呼兰人的普通生活。

转眼间来了1941年，这一年太平洋战争爆发，香港也被日军侵占了。这一次，萧红已经无力再逃亡，因长期过着颠沛流离的生活，她染上了重病。1942年1月22日，才女萧红病逝，年仅31岁。

在31年的短暂人生中，萧红有11年都在逃亡。但在逃亡的路上，她从没有停止过创作，成名作《生死场》、著名长篇小说《呼兰河传》都是在逃亡路上完成的，还留下半部《马伯乐》。

生前，萧红希望将自己的骨灰埋在面向大海的地方，去世后，她的丈夫端木蕻良选定了当时香港风景最好的浅水湾，将一部分骨灰埋进去后，又搬来石块堆起一个坟包，中间压了一块木牌，亲手写上"萧红之墓"。之后，端木蕻良又考虑浅水湾不是埋人的地方，担心墓地被破坏，便将萧红剩下的骨灰埋在了圣士提反女子中学后山的一棵树下。

萧红的骨灰在异乡长眠15年之后，1957年8月3日，在香港和广州爱心人士的努力下，将萧红的骨灰从香港迁到了广州，安葬在了广州郊区的银河革命公墓。

萧红的故事，不仅仅是一个女作家的传奇，更是一个女性在乱世中坚守信念、追求自由与尊严的象征。她的文字，她的精神，她的勇气，都值得我们铭记与传承。在她的笔下，我们看到了一个时代的缩影，也看到了一个女性在困境中绽放出的光芒。

⊙佳人佳话⊙

鲁迅先生曾这样评价萧红：“（她）是当今中国最有前途的女作家，很可能成为丁玲的后继者，而且她接替丁玲的时间，要比丁玲接替冰心的时间早得多。”能得到鲁迅先生如此高的评价，可见萧红是多么优秀，才会被誉为20世纪30年代的“文学洛神”！

令人遗憾的是，才华横溢的萧红31岁就离开了人世，她的一生与中国的时代变迁息息相关。生活在动荡的年代，要实现自我的价值，追求幸福、理想，都是一种奢望，但她为实现自己的理想奔走呐喊，用杰出的作品传递出了时代的最强音。

才

林徽因

从诗意到风骨，民国才女的优雅密码

她是诗人、作家，更是中国第一位女建筑学家。她是徐志摩一生的念想，是梁思成挚爱一生的伴侣，也是金岳霖默默守护一生的挚爱。她，就是“民国女神”——林徽因。

在那个风云变幻的时代，林徽因以其卓越的才华和独特的魅力，成为无数人心中的传奇。她的诗歌灵动而深情，她的文字细腻而富有力量，她的建筑理念更是开创了中国现代建筑学的先河。她的一生，如同一首优美的诗，既有浪漫的韵律，也有坚韧的风骨。

然而，天才总是容易招致误解与嫉妒。在林徽因的光环之下，有人出于嫉妒，杜撰出一些浮夸不实的绯闻故事，试图抹黑她的名声，将她描绘成“绿茶”。但这些无端的猜测和恶意的诋毁，都无法掩盖她真正的光芒。林徽因的才华与贡献，远远超越了那些无稽之谈。她的智慧与坚韧，她的才华与深情，都让她成为那个时代耀眼的女性之一。

林徽因 (1904—1955 年)，祖籍福建闽侯（今福建福州），出生于浙江杭州，她的祖父林孝恂是进士出身，父亲林长民在辛亥革命后历任徐世昌内阁国务院参议、汪大燮内阁司法总长、总统府外交委员会委员兼事务主任等职。

林徽因 17 岁那年，父亲带着她去欧洲旅行考察以增长见识、开阔眼界，此行对她后来的影响十分深远。在伦敦因受到房东女建筑师的影响，林徽因决心攻读建筑学，并认识了父亲的弟子徐志摩，在徐志摩的影响下，她对新诗产生了浓厚的兴趣。

20 岁那年，林徽因如愿以偿，与梁思成一同赴美学习建筑学，但这次求学的过程并不顺利。因为在相当长的时间里，建筑学都被男性垄断，她原打算就读宾夕法尼亚大学的建筑系，但是建筑学并不招收女学生，无奈之下，她只好先读美术系，然后选修建筑课程。

1928 年，林徽因嫁给了梁思成，结婚后不久，夫妇俩学成回国，应邀到东北大学组建建筑系，林徽因因而成为我国首位女建筑师、首位女教授。

此后在十余年的时间里，夫妻俩花了大量的精力，对我国 190 个县的 2738 处古建筑进行了调查，使很多古建筑得到保护。其中最著名的是五台山佛光寺，这是一座唐代建筑，是我国现存最古老的木构建筑之一。

今天我们有幸能看到那么多完整的古建筑，如河北赵州石桥、山西应县木塔，还有景泰蓝工艺，都有梁思成、林徽因两位大师的功劳。

1944 年，在林徽因的协助下，梁思成历时两年完成了《中国建筑史》的编写，这是我国第一部由中国人自己编写的比较完善、系统的中国建筑史。

林徽因身体较弱，患有肺病，“七七事变”后，她与丈夫在抗战大后方的生活异常艰难，加之操劳过度，导致旧病复发，健康状况每况愈下，需要长期卧床休息。1949 年之后，林徽因不再进行文学创作，但她并没有停下来，而是参加了新中国国徽和人民英雄纪念碑的设计。

1955 年 4 月，林徽因去世。她的墓碑是由丈夫梁思成设计的，墓碑上只简单地刻了一行字——建筑师林徽因墓。

⊙佳人佳话⊙

世人对林徽因赞不绝口，胡适说她是中国一代才女，沈从文说她绝顶聪明，梁实秋夸她“美貌颀颀，才情出众，20世纪中国最美的女人”。

一个女人能获得这么多赞誉，有几人不会迷失呢？可林徽因活得很清醒、通透，当金岳霖夸奖她的美貌时，她十分不悦，反驳道：“真讨厌，什么美人不美人的，好像一个女人就没有什么事可做，只配作摆设似的！”

这样的女子真是人间清醒，如果我们能像林徽因那样清醒，把自己的专业和本职工作做好，还能搞文学创作，是不是就会活得很通透，而少了很多烦恼？

·人生悟语·

男人可以从长相和身材两方面去评价一个女人，但女人自己绝不能这么肤浅。女人不能仅有美貌，更应该有才华和气质，因为才华是女人的底气和硬实力。

有人说，格力霸道女总裁董明珠女士并不是个美人，甚至还带着几分“凶相”，对下属很严厉，但无论她走到哪里，都不会有人忽视她的存在。她所拥有的一切只与才华和能力有关。

胸藏文墨怀若谷，腹有诗书气自华。女人要活得优雅，不是戴着珠宝就可以光彩照人，珠宝不过是身外之物，唯有才华和气质，才是从骨子里透出来的光芒。

第三章 德

女人有德行，方能享厚福

厚德坦荡群（20）
苏轼之母（程夫人）
号外号外！
陶侃之母（湛氏）
德
吃瓜群众来了！
孟子母亲（仉氏）
+1
欧阳修之母（郑氏）
+1
岳母（姚氏）
+1
文献皇后
文献
别卖关子了，快说吧。@苏轼之母（程夫人）
苏轼之母（程夫人）
我们家的蜀绣新鲜出炉了，快来买撒！
后宫之主（长孙皇后）
禁止在本群打广告，除非……你懂的。
@苏轼之母（程夫人）
阴丽华
不得接受贿赂，这不是你的风格。
@后宫之主（长孙皇后）

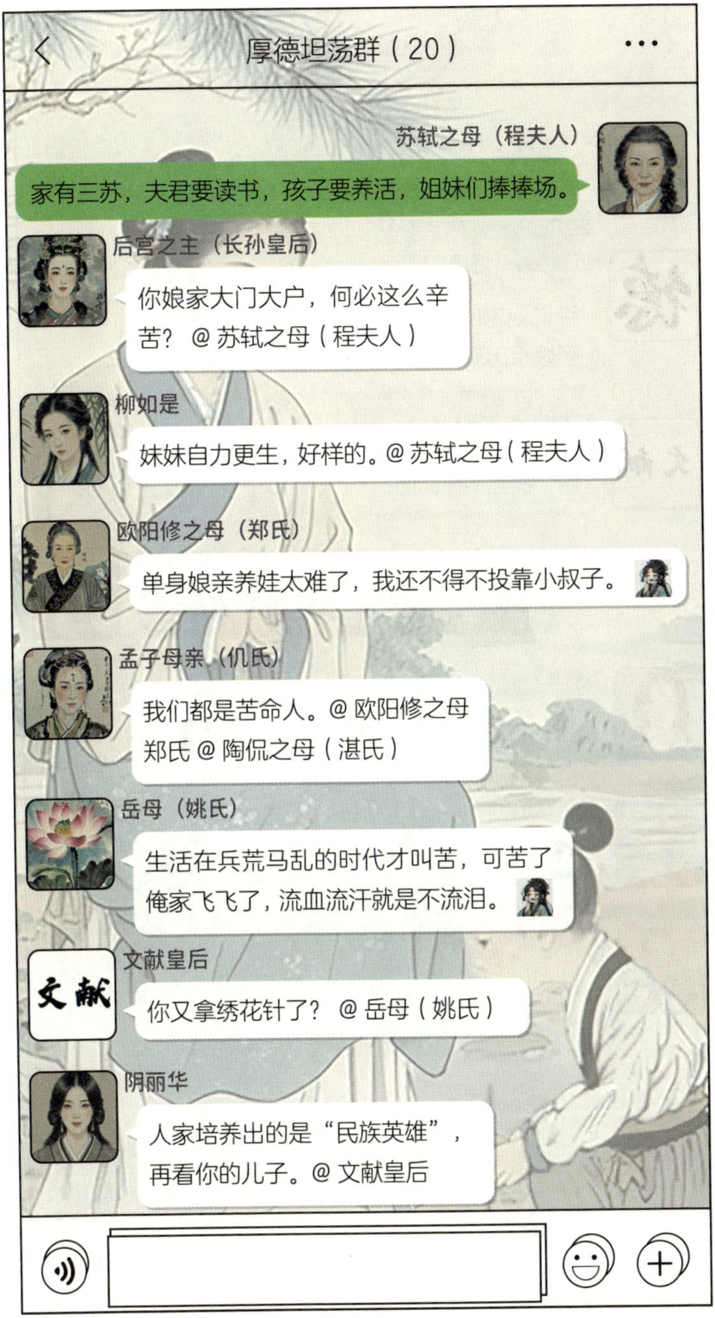
厚德坦荡群（20）
苏轼之母（程夫人）
家有三苏，夫君要读书，孩子要养活，姐妹们捧捧场。
后宫之主（长孙皇后）
你娘家大门大户，何必这么辛苦？@苏轼之母（程夫人）
柳如是
妹妹自力更生，好样的。@苏轼之母（程夫人）
欧阳修之母（郑氏）
单身娘亲养娃太难了，我还不得不投靠小叔子。
孟子母亲（仉氏）
我们都是苦命人。@欧阳修之母郑氏 @陶侃之母（湛氏）
岳母（姚氏）
生活在兵荒马乱的时代才叫苦，可苦了俺家飞飞了，流血流汗就是不流泪。
文献皇后
你又拿绣花针了？@岳母（姚氏）
阴丽华
人家培养出的是“民族英雄”，再看你的儿子。@文献皇后

厚德坦荡群（20）
文献皇后
我是贤内助，没有我，能有“开皇之治”吗？
陶侃之母（湛氏）
说说你家的贞观之治 @ 长孙皇后。亚圣娘亲出来亮个相 @ 孟子母亲（仉氏）
文献皇后
画个圈圈不理你们！
苏轼之母（程夫人）
别吵了，我送大家每人一匹绸缎咋样？
阴丽华
这个可以有 @ 苏轼之母（程夫人）
岳母（姚氏）
欧阳修之母（郑氏）
爱你

孟母

从三迁到断机杼，教育的智慧与担当

孟子是战国时期著名的思想家、教育家，与孔子并称“孔孟”，他能成为大儒，是因为有一个了不起的母亲仉氏。孟子的父亲孟激，是一个怀才不遇的读书人。孟子三岁那年，父亲便去世了，孟子与母亲相依为命。

仉氏是一个很会教育孩子的好母亲，从孟子还在她的腹中时，她就开始重视自己的一言一行。孟子年少时，有一天看见邻居杀猪，跑回家问母亲，“邻居家为什么要杀猪啊?”仉氏说：“要给你吃肉啊!”

说完，仉氏就后悔了，心想，不应该欺骗孩子，当初自己身怀六甲时，席子摆得不正都不肯坐下，肉割得不正都不愿意吃。现在孩子懂事了，怎么能教他不诚信呢？虽然家里很穷，但仉氏还是想办法兑现了承诺，去邻居家买了猪肉给孟子吃。

诚实守信是仉氏教给孟子的第一课。此外，仉氏还深知环境对孩子成长的影响。早些年，孟子和母亲的住处离墓地很近，每每有人家办丧事，孟子就跑过去看，渐渐地学了一些不好的东西，和小朋友们一起玩耍时，都是一些下葬哭丧的游戏，还学会了造

墓埋坟。仉氏看到后很担忧，便决定另觅住处。

不久后，仉氏带着孟子搬到了街上的闹市居住，在耳濡目染之下，孟子学会了像商贩一样叫卖，学会了奸商坑蒙拐骗的把戏。

看到儿子身上的这些变化，仉氏决定再次搬家。这次他们搬到了一所学校的旁边，所见所闻都是作揖谦让、进退法度等礼仪，孟子将这些都牢记在心里，仉氏的脸上露出了欣慰的笑容，便决定在这里定居下来。

孟子虽很有灵性，但毕竟是个孩子，十分贪玩，做事没有恒心。有一次，孟子背着母亲，逃学到外面玩了半天。孟子回到家后，仉氏并没有马上责备他，而是当着儿子的面，拿起一把剪刀将织好的一匹布“咔嚓咔嚓”两下剪成了两段。孟子惊愕地看着母亲，这是母亲熬了几个晚上才织好的，为啥要剪断呢？

仉氏转过头，严肃地对孟子说道：“你的废学就和我剪断织好的布一样，有德行的人学习是为了树立名声，多问才能增长知识，所以平时能平安无事，做起事情来能避开祸事。如果现在荒废了学业，将来就要很辛苦，而且很难避免祸患。”孟子听后惭愧地低下了头，从那以后勤奋学习，不敢有丝毫怠慢，终于成了名扬天下的大儒。

仉氏对孟子实行的是终身教育，孟子长大娶妻之后，仉氏对他的教育也未曾停止。由于学习了很多圣人的道理，孟子有些飘了，有些看不上妻子，处处挑剔妻子。

一天，孟妻一个人在屋里“踞坐”，踞坐是指坐的时候两脚底和臀部着地，两膝上耸，在古时候这是一种非常不雅的坐姿。

这一幕正好被从外面进来的孟子看到，孟子紧皱着眉头，跑去对母亲说：“我的妻子不守礼仪，太丢人了，干脆休了她算了。”

仉氏疑惑地问道："你为什么休妻啊？"

孟子回答："因为她踞坐！"

仉氏又问："你怎么知道的呢？"

孟子有些不高兴地说："我都亲眼看见了，您还不信？我还会诬赖她不成？"

仉氏严肃地说道："你悄无声息地去了卧室，让你的妻子毫无防备，她不知道你回家了才会踞坐，而你看到她踞坐，说明你的眼睛并没有向下看，那到底谁没有遵守礼仪呢？"

孟子无言以对。从那以后，孟子对自己要求更加严格了，对待别人更加仁慈和宽容，也不再提休妻的事情，夫妻两人的感情越来越好。

⊙佳人佳话⊙

明代廖森曾作《三迁教子》诗，歌颂孟子的母亲仉氏："今古谁知孟母贤，殷勤教子地三迁。养蒙肯使为屠贩，学礼宁教戏豆笾。一旦功夫私有淑，万年道统果能传。看来作圣皆由此，尽说天生未必然。"

孟子能成为亚圣，与他的母亲很注重自我成长有关，这是他教育成功的一个关键因素。女性升级做了母亲，不仅是身份的转变，更是自我的重新成长、蜕变，我们希望孩子比比自己更优秀，所以才会对自己的一言一行都十分谨慎，生怕一不小心让孩子从我们身上学到了不好的东西，这也是母爱伟大的一种体现。

德

陶母湛氏

断发留宾，封坛退鲊

在历史的长河中，陶侃和陶渊明是两个熠熠生辉的名字。如果你对他们的故事感兴趣，那你一定是个热爱历史、追求智慧的人。陶侃是东晋时期的一位杰出将领，他能征善战，为国家的稳定立下了汗马功劳，是真正的治世之才。而陶渊明则是东晋末至南北朝时期的田园诗派创始人，他的诗句“采菊东篱下，悠然见南山”流传千古，成为无数人心中向往的田园生活的象征。

陶渊明是陶侃的曾孙，陶家人才辈出，与一位女性有很大的关系，她就是陶侃的母亲湛氏。陶侃年幼丧父，家境贫寒，生活无所依，无奈之下，湛氏带着陶侃回到了外祖父家，起早贪黑以纺织为生，养活陶侃。

湛氏出生于新干南市村（今江西省新干县金川镇），她与一般的家庭妇女不同，她很有远见，并不满足于仅让儿子吃饱穿暖，她还要让他读书学知识，教育陶侃珍惜光阴，树立建功立业的伟大志向，并用忠顺勤俭的美德熏陶儿子。在湛氏的教育下，陶侃自幼酷爱读书，博览群书，发奋图强。

青年时期的陶侃在浔阳当了一名主管渔业生产的小官，工作兢兢业业，待人和善，人缘极好。有一次，他的部下见陶侃实在太清贫，就从鱼品腌制坊拿出一坛糟鱼送给他。陶侃很孝顺，舍不得自己吃，就托人给母亲送了过去，并附上一封信。

收到来信和糟鱼，湛氏很高兴，随口问来人：“在浔阳这一坛糟鱼要多少钱啊？”来人笑着说：“这坛子糟鱼还用得着花钱吗？去下面的作坊拿就是了，您要是爱吃，下次我再给您多带几坛子，您想吃多少都有。”

湛氏脸上的笑容立马僵住了，默默地将糟鱼坛口重新封好，对来人说道：“麻烦你把这坛糟鱼带给陶侃！”随后又写了一封信，让来人一并捎回，她信中严厉责备儿子：“你身为官吏，却用官府的东西送我，你这样做，我不仅不会高兴，还会为你的将来感到担忧。”

陶侃收到信之后，感到万分愧疚，觉得对不起母亲的谆谆教诲，发誓一定要做一个廉洁勤政的好官，不再让母亲担忧。

受母亲的影响，陶侃十分节俭。有一次在路上见有人拿着一把未熟的稻穗把玩，便问道：“你这是在做什么？”拿稻穗的人回答：“刚才我路过一片稻田，顺手拿了一些。”陶侃一脸怒色，盯着对方说道：“你不种田，还随意破坏庄稼！”于是严惩这个拿稻穗的人。百姓知道这件事之后，都勤勤恳恳地劳作，庄稼的收成非常好，人们的生活也更加富裕。

陶侃虽然很有才华，但早年仕途并不顺畅，直到遇到了贵人范逵。一年，鄱阳郡孝廉范逵到陶侃的家乡访贤，路过陶侃的家时，正好赶上吃饭的时间。可陶侃的家里很穷，做不出丰盛的饭菜，陶侃很着急，不知怎么办才好。湛氏却很镇静，对儿子说："你放心去招待客人吧，我自有办法。"

随后，湛氏出门剪掉自己的一头长发，卖掉后换了些钱，又买了菜，做了一顿丰盛的佳肴招待范逵。看到范逵的马因为饥饿不停地嘶鸣，湛氏又把家中的草席剁了喂马。

第二天早晨，范逵告辞，陶侃送了一程又一程，湛氏母子的热情深深感动了范逵。范逵回到京都洛阳后，在官员面前极力推荐陶侃，使寒门出身的陶侃从此步入仕途。

陶侃在踏上仕途，即将赴任的时候，湛氏把儿子叫到身边，叮嘱道："儿子，我苦了一辈子，总算盼到你出息了，我希望你做一个清正的人，不要误国害民。"说完，拿出一个包裹，递到陶侃手中："我没有什么好东西给你送行，就送你三件土物吧，你到了官府再打开看。"

陶侃到了官府后，打开母亲送的包裹，里面是一坯土块、一只土碗和一块白色土布。他望着眼前的物件陷入了沉思，片刻后他明白了母亲的良苦用心：一坯土块意在告诉他不要忘记家乡，一只土碗告诉他不要贪图荣华富贵，一块白色土布教育他要体恤民情，清白做人。

陶侃牢记母亲的嘱咐，为官多年，一直保持着正直、清廉。

陶侃和陶渊明的故事，不仅是历史的记载，更是智慧与美德的传承。湛氏作为母亲，她的智慧和教育方式为陶家培养了两代杰出人才。她的故事告诉我们，母亲的言传身教对子女的成长有着深远的影响。而陶侃和陶渊明，一个在朝堂之上为国效力，一个在田园之中追求诗意，他们的故事都值得我们去细细品味，从中汲取力量，找到属于自己的人生方向。

⊙佳人佳话⊙

后人曾赞誉陶侃母亲湛氏："世之为母者如湛氏之能教其子，则国何患无人才之用？而天下之用恶有不理哉？"

孩子成才与否与母亲的教育息息相关。教育孩子其实就是一种投资，孩子小的时候，多一些陪伴和爱，多一些循循善诱，以正三观，等孩子长大了，父母就可以省心了。倘若孩子小的时候，不去教育，不去投资，那我们的后半生就很难消停，啃老不就是这样产生的吗？

欧阳母郑氏

画荻育贤，清廉传家

欧阳修的故事，不仅是一部励志传奇，更是一段关于母爱与成长的佳话。

欧阳修（1007—1072年），字永叔，号醉翁，北宋著名的政治家、文学家，北宋古文运动的领袖。他祖籍是江西庐陵（今江西吉安市），因父亲在外为官，他出生在四川绵州（今绵阳），他的祖父欧阳偃和父亲欧阳观都是做官之人，用今天的话来说，他就是妥妥的官三代。他是含着金汤匙出生的幸运儿，然而一场变故让他从官宦子弟沦落为寒门子弟。

在欧阳修四岁那年，父亲欧阳观突然撒手人寰，留下他和一个两三岁的妹妹与母亲郑氏相依为命。之前一家人随父亲住在公家的宿舍里，现在父亲病逝，娘仨没有了栖身之所。父亲官位不高，但为官清廉，几乎没有留下什么财产，房无一间地无一垄，娘仨基本的生存都无法得到保障。

处理完父亲的丧事后，母亲郑氏携儿带女投奔远在湖北随州做官的小叔子欧阳晔，也就是欧阳修的叔叔。欧阳晔收入也不高，自己也有一大家子人要养，现在又多了三口人，日子过得很艰难，两家人相依为命。

欧阳修从寒门孤儿逆袭成朝廷高官，除了要感谢叔叔的收留之恩外，还要庆幸有一个了不起的母亲郑氏。郑氏是庐陵人，生于江南望族，识文断字，算得上是一个见过世面的女性，她深知知识改变命运的道理。因此，尽管家里条件很差，没有钱让欧阳修去读私塾，但郑氏对他的教育一直非常重视。

家里穷买不起纸和笔，郑氏就去池塘边摘荻草，用荻草秆当笔，然后在地面铺上沙子做纸，教欧阳修写字。欧阳修乖巧懂事，一遍遍地练习，工工整整，一丝不苟，这就是后世所传的“画荻教子”的故事。

欧阳修一天天长大，郑氏为儿子的出众才学感到高兴，但她认为，要成为一个有大作为的人，除了要有才学外，还要有很高的德行，便常常教育他向父亲欧阳观学习。欧阳观是一个非常孝顺的人，郑氏嫁过来时，欧阳观的母亲去世刚满一年，逢年过节进行家祭时，欧阳观都会痛哭流涕，无法自已。

郑氏对欧阳修说道：“你父亲曾经说过，祭祀祖先的时候，用再丰厚的东西也没有意义，不如生前好好孝敬他们，奉养父母不一定让他们吃上美味佳肴，而是要发自内心地去孝顺、供养他们。”

孝顺父母是小爱，大丈夫还要有大爱。郑氏常常将欧阳修父亲为官的事迹讲给他听，教育他要心系百姓。她说道：“你父亲做司法官的时候，常常在深夜处理案件，涉及平民百姓的案子，他总是慎之又慎，能够从轻处罚的，都会轻判。对于那些实在无法轻判的，他总是感到很惋惜。”

郑氏顿了顿，又语重心长地说道："如果有一天，你和你父亲一样有个一官半职，一定要向你父亲学习。他为官清廉，从不谋私利，还经常接济别人，结交了不少朋友。他的俸禄不多，却常常不留剩余，他说不能将金钱变成累赘，所以他去世后，什么都没有留下。我没有什么能力教导你，你只要记住你父亲的教诲就够了。"欧阳修点了点头，将母亲的话铭记心间。

后来，欧阳修真的如郑氏期望的那样，以父亲为榜样，心怀大爱，忧国爱民，成为北宋著名的文学家、政治家，成功领导了北宋诗文革新运动。虽然身居高位，但他从没有忘记为人子的责任。他将母亲带在身边悉心照顾，不管工作多忙都会抽空陪母亲。母亲生病时，他陪伴在左右，熬汤喂药，做一个孝顺的好儿子。

欧阳修的故事，不仅仅是关于一个寒门子弟的逆袭，更是一个关于母爱、教育和品德传承的故事。郑氏用她的智慧和坚韧，为欧阳修铺就了一条通往成功的道路。而欧阳修，也用自己的行动，诠释了什么是孝顺、什么是责任、什么是担当。他的故事，让我们看到了一个伟大母亲的力量，也让我们看到了一个伟大人物的光辉。

⊙佳人佳话⊙

《宋史·欧阳修传》中有这样一句话："守节自誓，亲诲之学。"意思是说，欧阳修的母亲郑氏在丈夫过世后，决定不再改嫁，在家亲自教欧阳修读书。

在当时那个年代，一个单身女性要养活一个孩子是很难的，可郑氏不仅要养活孩子，还要让他学文化、长本领，说明她是一个意志坚定的女性，而且人穷志不穷。

人的一生难免会有低谷期，处在低谷期时，我们可以什么都没有，但不能缺"志"，如果连它都没有了，那活下去的动力也就没有了。

家风传承，成就一门三杰

一个女人要是嫁给一个浪荡公子哥，丈夫整天不学无术，游手好闲，她该怎么办？这事要是放在现在，那只有去民政局离婚，早日脱离苦海了。但是在古时候，恐怕就只有“嫁鸡随鸡嫁狗随狗，嫁个扁担挑着走”地认命了。那时候的女性要“三从四德”，所以能改写自己命运的女性少之又少。不过，北宋的程夫人是一个例外。

程夫人，眉州（今四川省眉山市）人，是苏洵的妻子、苏轼和苏辙的母亲。三苏父子能成为一代文豪，名列唐宋八大家，程夫人功不可没。她出身名门，知书达理，18岁嫁给苏洵的时候，苏家很穷，而程家却是眉州地界上的首富。古人婚配讲究门当户对，程夫人乃大户人家的女子，她怎么会嫁给落魄的苏洵呢？

北宋时期，眉州有三大家族，分别是程家、石家、苏家，苏家因为祖辈没有置办田产，加上仗义疏财，家族逐渐走向了没落。不过，苏家的先祖苏味道在武则天时期担任过宰相，后来被贬到了眉州，在眉州算是个响当当的人物。借助他的声望，苏家也称得上是名门望族。另外，苏洵的哥哥苏涣也高中进士。所以，苏家在当地还是有一定影响力的。由此说来，程夫人嫁给苏洵也算

得上是门当户对。

程夫人嫁过来之后，才发现丈夫是个游手好闲的公子哥，整天游山玩水，结交狐朋狗友，又不喜欢读书。久而久之，程家人也知道了苏洵的德行，苏洵的大舅哥程浚常用程家的“座上无闲人，往来无白丁”来羞辱苏洵。

尽管娘家人对苏洵十分厌恶，但程夫人并没有看不起苏洵，她觉得丈夫很聪明，只是个性太强，脾气有些犟，不愿意循规蹈矩，而且认定丈夫将来一定会有出息。所以，程夫人对苏洵一直很包容，她希望丈夫有一天能迷途知返。

程夫人的善解人意打动了苏洵，苏洵不明白妻子为何对自己毫无怨言。一天他忍不住问妻子：“夫人，你娘家是眉州首屈一指的大户人家，家财万贯，你的父母又那么疼爱你，只要你肯回娘家寻求帮助，他们一定会答应，为何甘心情愿和我过苦日子呢？”

程夫人莞尔一笑，说道：“我求助娘家是很容易的事情，但这样会让我的丈夫被人笑话，说他靠人资助才能养活妻子，我的丈夫可是有尊严、有骨气、有远大抱负的人，他绝不会让我这么做的。”

程夫人的这番话，令苏洵感到汗颜，他从中也读懂了妻子对自己的期盼，他很想发愤读书，考取功名，改变一家人的生活。但心中顾虑重重，自己已经二十七岁了，若专心读书，那谁来承担家庭重担呢？

得知了丈夫的想法，程夫人很高兴，她对丈夫说：“我早就想劝你好好读书了，但我不想让你因为我才去读书，所以一直没有对你说。你如果想读书，家里的事情你就不用操心了，我会挑起一家人的生活重担。”

程夫人将结婚时娘家给的陪嫁全部卖掉，筹集钱款开始经营丝绸生意。程夫人很有经济头脑，眉州的蚕桑生产和丝织业非常发达，在城中有一条名为纱縠行的街道，专门从事蚕茧贸易。为了方便做生意，程夫人举家迁到了纱縠行，办起了商铺和丝织作坊，专门生产锦、缎、绫、罗、绢、绸等高端产品，为官吏和中上等人家提供服务。

程夫人讲诚信，童叟无欺，很快让苏氏丝绸有了名气，生意越来越好、越做越大，仅仅几年的工夫，苏家就翻身成了富裕人家。有了这个贤内助，苏洵不用再为生计苦恼，可以专心致志地读书了。

程夫人不仅是个贤妻，更是一个良母，她培养出了苏轼和苏辙两个大文学家。孩子们小的时候，程夫人亲自教他们读诗书。

她非常敬重正直的范滂和深明大义的范母，给他们讲东汉史《范滂传》，以培养兄弟俩的高尚品德。

范滂是东汉末年的一个小官，为官清正，有胆识有才干，可当时宦官把持朝政，将政治搞得乌烟瘴气，范滂因同情民间疾苦，抨击奸党而被诬陷入狱，宁死不屈。行刑前，他向母亲告别，范母强忍悲痛，对范滂说道："你得到了与李膺、杜密一样的好名声，我有什么好悲伤的呢?"

听完这个故事，苏轼热泪盈眶，激动地问母亲："如果我长大了做范滂这样的人，你会同意吗?"程夫人抚摸着苏轼的头，说道："如果你做范滂这样的人，娘亲就做范母。"

程夫人一家搬到纱縠行新居不久，一次偶然的机会，发现前人在地窖里藏了一坛子金银，大家喜出望外，但只有程夫人脸上未带任何惊喜。她叫人把这坛子金银重新埋好，不准动一分一毫。处理完这一切后，她把苏轼和苏辙叫了过来，语重心长地说道："你们兄弟俩一定要记住，君子爱财，取之有道，不义之财一分一文都不能拿!"

程夫人善于从生活中的小事教育孩子。一天，苏轼、苏辙与几个小伙伴在院子里做游戏。忽然，家中的花猫叼来一只漂亮的桐花凤，小鸟发出凄惨的叫声，拼命地挣扎。苏轼见状，赶紧跑了过去，从花猫嘴中夺过了桐花凤，可是小鸟伤得太严重了，羽毛上满是斑斑血迹，不一会儿就死在了苏轼的手掌中。

"我们烤来吃怎么样？味道应该很不错。"一个小伙伴提议说。

就在这时，程夫人走了过来，看到苏轼手中的桐花凤，眉头紧蹙，严厉地问道："这是怎么回事？"

苏轼将事情的来龙去脉一五一十地讲给母亲听后，程夫人抚摸着胸口，长长地舒了一口气，语气温和地说道："儿子，做人可不能像动物那样，一定要有仁爱之心，要敬畏一切生命，切不可滥杀无辜。否则，和禽兽有什么区别呢？"苏轼用力地点了点头，说道："我记住了。"

俗话说，家有贤妻旺三代。程夫人无论是持家理财，还是相夫教子，都是古今女性的楷模，值得人们敬仰。

⊙佳人佳话⊙

司马光在为程夫人写的墓志铭中说道："贫不以污其夫之名，富不以为其子之累；知力学，可以显其门，而直道，可以荣于世，勉夫教子，不愧为古代一贤母。"

程夫人身上有很多的闪光点，如不嫌贫爱富、自强自立、教子有方等。她最令人敬佩的品质应该是自强自立，她没有将自己的幸福寄托在丈夫身上，而是依靠自己来改变命运。从古到今，世界上若有救世主，那一定是我们自己，依靠谁都没有依靠自己可靠，自己强大了才是真的强大。

岳飞尽忠报国，背后有了不起的母亲

提到“尽忠报国”，人们总会想起岳飞，以及那位伟大的母亲——姚氏。她的名字或许不如岳飞那般家喻户晓，但她对儿子的教诲和影响，却如同一座灯塔，照亮了岳飞的一生。当年姚氏为什么要在儿子背上刺下“尽忠报国”这四个大字呢？我们要从头说起。

1103 年，在相州汤阴（今河南安阳）的一间破民房里，传出婴儿响亮的啼哭声。原来，是姚夫人生下一名男婴，这个男婴就是岳飞。姚夫人看着襁褓中的婴儿，喃喃地说道：“儿啊，你来的不是时候啊！”

当时正处于北宋末年，恰逢乱世，北方的金人蠢蠢欲动，欲侵犯中原，社会动荡不安。姚夫人希望儿子将来能成为一名顶天立地的男子汉，就和丈夫商量给儿子取一个好名字。恰在这时，一群大雁发出清亮的叫声从天空中飞过，姚夫人灵机一动，说道：“就叫岳飞吧，将来儿子有出息了，就像大雁一样高飞。”

岳飞出生后不久，黄河决口，大水冲走了他们家里所有的东西，这让本就不富裕的一家人雪上加霜，他们的生存都受到了威胁。无奈之下，岳飞的父母带着一家老小背井离乡、跋山涉水来到了河北。

姚夫人虽然没什么文化，但她非常有主见，眼光看得远，为人正直，而且对岳飞的教育非常严格，她常常对儿子说："男人就要学会承担苦难，就要明辨是非，不能做丧良心的事情。"有一次，岳飞的几个伙伴因为没有饭吃，决定去抢劫，他们要岳飞一同前往，岳飞斩钉截铁地说："抢劫的事绝不能干！这是丧良心的事情。"伙伴们悻悻地离开了。

岳飞一天天长大，在他十一二岁的时候，姚夫人认为是时候让儿子去学习本领了，就送岳飞学了骑射，让他攻读《孙子兵法》。岳飞成了一个能文能武的少年，十里八乡的人提及他时，那是无人不知无人不晓。

岳飞十五六岁的时候，金人频频侵扰中原，当时的宋朝官府腐败无能，连连吃败仗，国家命运岌岌可危。在这危急关头，好儿郎岳飞决定从军报国。可岳飞离开后不久，他的父亲就病逝了，岳飞只得回乡守孝。

几年后，金军举兵入侵中原，胸怀大志的岳飞决定再次从军。然而，战场上刀枪无眼，这一别可能就是永远。姚夫人自然明白这个道理，但是在民族大义面前，她没有退缩，没有拖儿子的后腿，而是把儿子叫到跟前，严肃地问道："现在国难当头，你有什么打算？"

岳飞拳头紧握，额头上青筋暴出，坚定地说道："到前线杀敌，尽忠报国!”

“好!”姚夫人用力拍了拍儿子的肩膀，“尽忠报国，这正是我对你的希望，你一定要把它铭记在心里。”说完，她拿来银针，要把“尽忠报国”这四个字刺在儿子的后背上。

岳飞解开上衣，裸露出结实的后背，说道：“来吧!”姚夫人拿针的手不由得颤抖起来，心疼地问道：“儿子，针刺会很痛，你不怕吗?”岳飞表情轻松地笑了笑，说道：“小小的银针算什么，如果连这都怕，怎么去前线打仗啊!”

于是，姚夫人用银针在岳飞的后背上刺了起来，刺完之后，又涂上了醋墨。自始至终，岳飞一声未吭。

岳飞从军后，多次打败金军，屡立战功。金军听闻他的大名，多不战而逃。他的名字成了金军的噩梦，也成了宋朝百姓的希望。

岳飞的故事，不仅仅是一个英雄的传奇，更是一个伟大母亲的佳话。姚夫人用她的智慧和坚韧，为儿子种下了“尽忠报国”的种子。而岳飞，用他的一生践行了这四个字，成为中华民族的脊梁。

⊙佳人佳话⊙

当代诗人李暮寒作有诗篇《七律·题姚太夫人/致母亲》，描写了姚夫人教育岳飞的事迹，歌颂了姚夫人的深明大义。

七律·题姚太夫人/致母亲

育来社稷复兴人，一语精忠贯古今。

目不识丁乡野妇，深明大义圣者心。
犊牛半小相交舐，草木无情也报春。
漏尽沙盘多少罪，寒泉饮断万般恩。

作为女性，或许我们大多数人无法做到像姚夫人这样深明大义，让儿子勇于为国家安危担当重任。那么就退而求其次，做一个明白事理的女性，大事讲原则，小事不计较，将国家利益永远放在个人利益之前，这才是令人敬佩的品质。

·人生悟语·

女人有没有福气，关键要看她有没有德，德就是人的品行和原则，品德高尚的女人，在严于律己的同时，也会影响丈夫、教育孩子。那么，这个家庭就会是积极向上的。如此一代代传下来，这个家族就会兴旺发达。厚德方能载物，倘若德行不足或不配，即便能够拥有一些财富与荣耀，也是不会长久的。

第四章 贤

家有贤内助，帮扶江山稳固

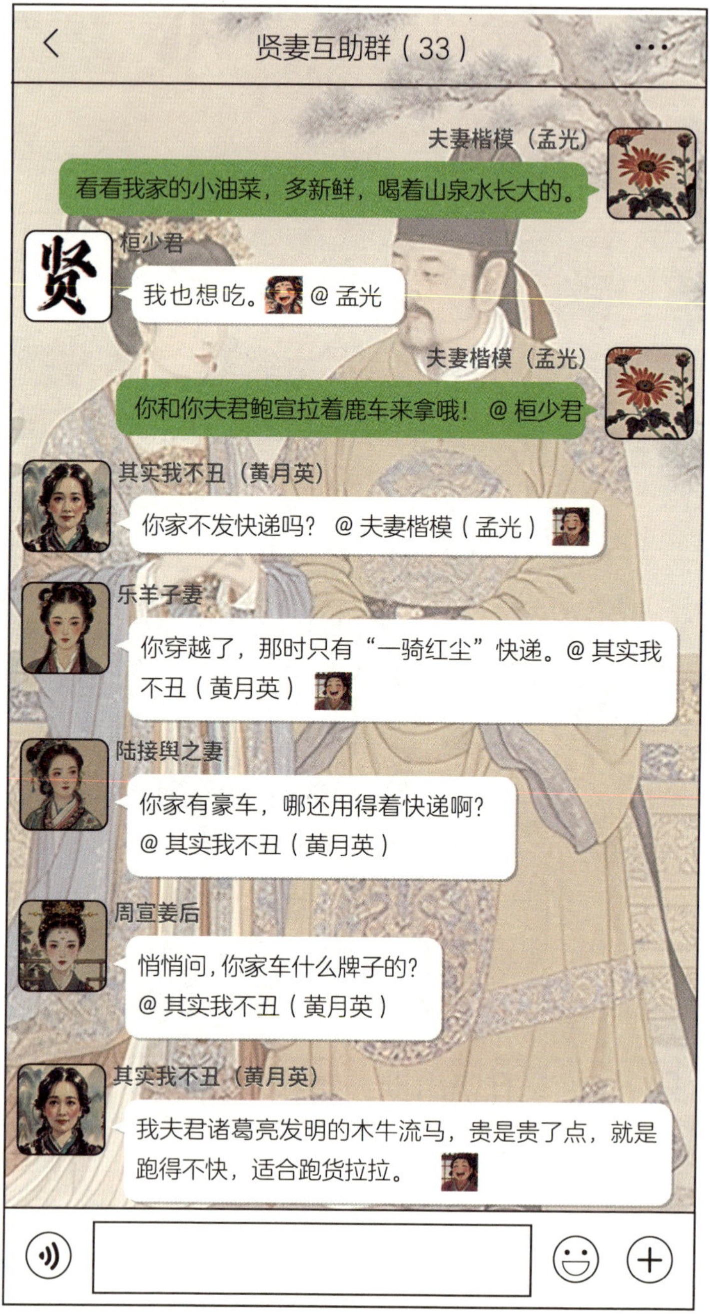
贤妻互助群（33）
夫妻楷模（孟光）
看看我家的小油菜，多新鲜，喝着山泉水长大的。
贤
桓少君
我也想吃。@ 孟光
夫妻楷模（孟光）
你和你夫君鲍宣拉着鹿车来拿哦！@ 桓少君
其实我不丑（黄月英）
你家不发快递吗？@ 夫妻楷模（孟光）
乐羊子妻
你穿越了，那时只有“一骑红尘”快递。@ 其实我不丑（黄月英）
陆接舆之妻
你家有豪车，哪还用得着快递啊？@ 其实我不丑（黄月英）
周宣姜后
悄悄问，你家车什么牌子的？@ 其实我不丑（黄月英）
其实我不丑（黄月英）
我夫君诸葛亮发明的木牛流马，贵是贵了点，就是跑得不快，适合跑货拉拉。

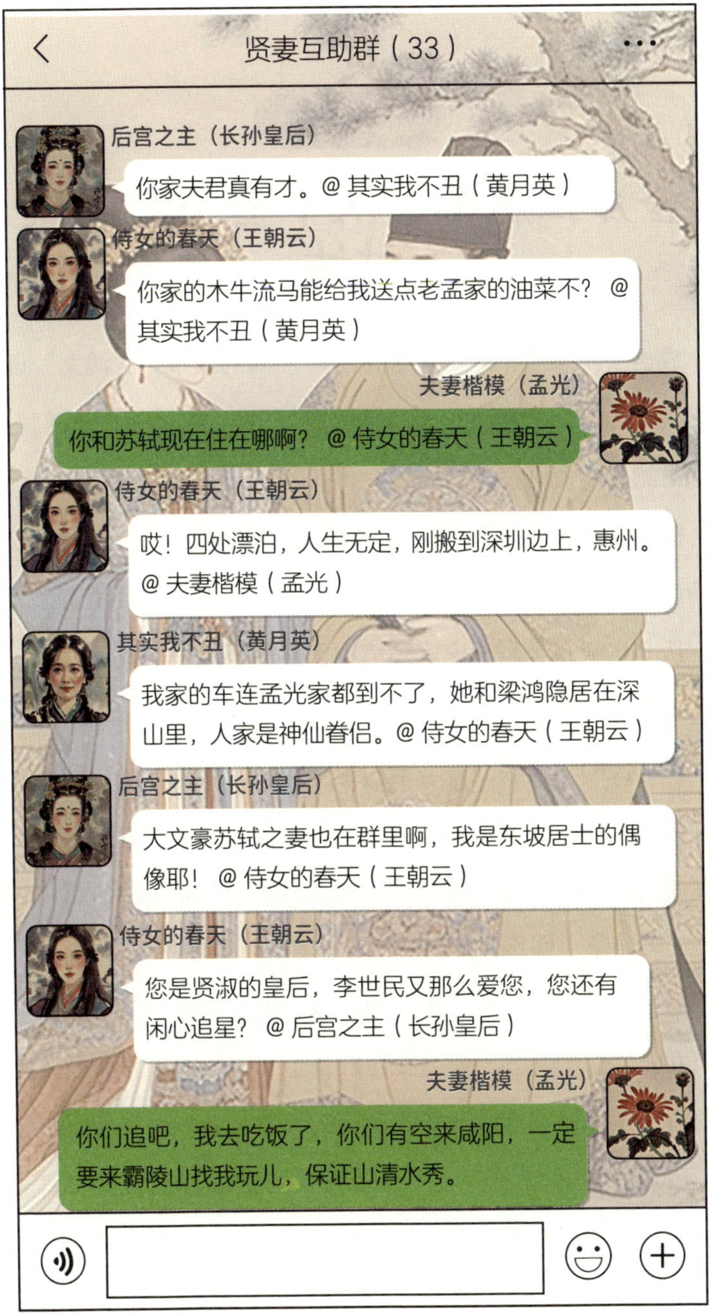
贤妻互助群（33）
后宫之主（长孙皇后）
你家夫君真有才。@其实我不丑（黄月英）
侍女的春天（王朝云）
你家的木牛流马能给我送点老孟家的油菜不？@其实我不丑（黄月英）
夫妻楷模（孟光）
你和苏轼现在住在哪啊？@侍女的春天（王朝云）
侍女的春天（王朝云）
哎！四处漂泊，人生无定，刚搬到深圳边上，惠州。@夫妻楷模（孟光）
其实我不丑（黄月英）
我家的车连孟光家都到不了，她和梁鸿隐居在深山里，人家是神仙眷侣。@侍女的春天（王朝云）
后宫之主（长孙皇后）
大文豪苏轼之妻也在群里啊，我是东坡居士的偶像耶！@侍女的春天（王朝云）
侍女的春天（王朝云）
您是贤淑的皇后，李世民又那么爱您，您还有闲心追星？@后宫之主（长孙皇后）
夫妻楷模（孟光）
你们追吧，我去吃饭了，你们有空来咸阳，一定要来霸陵山找我玩儿，保证山清水秀。

贤

桓少君

合力拉鹿车，从千金小姐变成村姑

成语“鸿案鹿车”讲述的是两对佳偶的故事。“鸿案”说的是梁鸿与孟光，“鹿车”指的是鲍宣与桓少君。下面，我们就来讲一讲鲍宣的爱妻桓少君的故事。

桓少君是西汉末年渤海（在今河北沧州一带）人，她的父亲桓氏学识渊博，在官办学府任职。所以，桓少君是个妥妥的富家大小姐，从小生活在优越的家庭环境中，接受了良好的家庭教育，琴棋书画样样精通。

在桓氏的学生中，有一个叫鲍宣的人，家境贫寒，日子过得十分清苦，但他读书十分刻苦，学业非常优异，而且为人正直，品德高尚，深得桓父的赏识。桓父断定，鲍宣将来一定会大有作为，于是，就将掌上明珠桓少君嫁给了他。

桓父不忍心看着女儿嫁入鲍家后，跟着鲍宣一起吃苦受累，所以女儿出嫁的时候，就给女儿准备了丰厚的嫁妆。如果换成一般的穷小子，遇到这么慷慨的岳父，肯定会满心欢喜，但鲍宣皱紧了眉头，十分不情愿。他认为靠岳父的施舍生活，那就是耻辱。

洞房花烛夜，鲍宣将心中的想法对桓少君和盘托出：“你从小生活在富裕的家庭，锦衣玉食，可是我家十分贫穷，我也习惯了过清贫的生活。现在泰山大人送了这么重的厚礼，我实在不敢接受。”

桓少君含情脉脉地看着丈夫，拉着他的手笑着说道：“我父亲看中的是你的学识和美德，才会让我嫁给你。虽然我从小生活富足，有仆人伺候，但如今我已经是你的妻子了，我愿意与你同甘共苦，一切听从你的安排就是了。”

“你这样想，真是太好了!”压在鲍宣心头的一块石头落了地，他的眉头舒展开来，说道：“明天一早，我们就把随嫁的仆人、婢女及陪嫁的钱财，统统送回去。”

桓父看到被送出去的嫁妆又被退了回来，心中不免隐隐担忧起来，把女儿拉到一旁，小声地说道：“少君，你从小过着衣食无忧的生活，现在能适应得了鲍家这么简陋的生活吗?”

桓少君拉着父亲的手，安慰道：“父亲大人你不用为我担心，相信我一定会很快适应的。”说完，她便进了屋，脱下华丽的衣服，取下贵重的首饰，换上粗布衣裳，然后和丈夫鲍宣一起合力拉着一辆鹿车回到了婆家。

到家后，桓少君恭恭敬敬地拜见了公婆。公婆见桓少君这身打扮，先是一惊，反应过来后立马笑盈盈地说道：“这才是我家好儿媳!”

拜见完公婆，桓少君提起罐子就去井边提水。从未干过粗活的少君提着一大罐水，一步三摇，走两步就要歇一歇，累得气喘吁吁，费了九牛二虎之力才把水弄到厨房。尽管很累，但桓少君很有成就感，也深深体会到了仆人们的辛苦。

要完成从千金大小姐到村姑田妇的转变，桓少君有太多要学习的东西。学习烧火时，熏黑了娇嫩的脸，浓烟呛得她一把鼻涕一把眼泪；学习切菜，菜刀割破了手指，鲜血直流；学习缝补衣服，缝衣针扎破手指，血染红了衣裳……

看着桓少君吃苦受累，鲍家人很心疼，劝她不要着急，慢慢来，以免累坏了身子骨。可桓少君不肯休息，她说自己要早一点做鲍家合格的媳妇。经过半年多的努力，桓少君学会了烧菜做饭、缝补浆洗，家里的杂活也做得得心应手。

桓父得知女儿的变化后，虽然心疼，但不得不对女儿刮目相看，鲍宣对妻子更是佩服得五体投地。十里八乡听说了桓少君的故事，都夸她是一个贤德的好女人，说鲍家肯定是上辈子积了大德，才能娶到这么好的儿媳。

有了贤妻少君主内，鲍宣就能将更多的精力放在事业上。少君也常常为他出谋划策，使他的仕途顺风顺水。鲍宣先后担任过汉哀帝时期的谏议大夫、朝中三品司隶校尉等职。

后来，因为鲍宣刚正不阿得罪了权贵，被王莽杀害。他的儿子永公、孙子昱公在桓少君的谆谆教诲下，皆功成名就，先后当上了司隶，鲍家被后世赞颂为“三世三司隶，千秋动汉京”。

桓少君的故事，不仅仅是一个关于爱情的传奇，更是一个关于成长与蜕变的故事。她从一个锦衣玉食的千金大小姐，变成了一个勤劳贤惠的好妻子，她的故事告诉我们，真正的爱情不仅仅是甜言蜜语，更是相互扶持，共同成长。

在现代社会，我们常常追求物质的富足和生活的舒适，但桓少君的故事提醒我们，真正的幸福来自内心的满足和对生活的热爱。她用自己的行动诠释了什么是贤德，什么是担当，什么是爱。

愿每一个女人都能像桓少君一样，无论出身如何，都能在爱情和生活中找到属于自己的位置，绽放出属于自己的光芒。

⊙佳人佳话⊙

古人婚配讲究门当户对，但在鲍宣和桓少君的美满婚姻中，我们看到了“门不当户不对”的婚姻结出的幸福果实。其实，婚姻幸福与否，“门户”并不是决定因素，唯有真爱、互助，彼此愿意为对方付出，才是婚姻幸福美满的关键。

孟光

选对的不选贵的，方能举案齐眉

成语“举案齐眉”讲述的是一个令人羡慕的爱情故事，可能大多数人认为美好的爱情应该始于郎才女貌，不过“举案齐眉”故事中的主人公梁鸿和孟光，颠覆了大多数人的认知，甚至会让人觉得两人根本不般配。

梁鸿和孟光都是东汉时期平陵（今陕西咸阳）人。梁鸿是远近闻名的美男子，曾在太学读书，博学多才，品德高尚。他曾在上林苑养猪时，因不小心失火，使邻居遭受了损失，梁鸿不仅主动拿出全部的猪作为赔偿，还为邻居做佣工作为补偿。梁鸿的高尚品德打动了邻居，邻居便将之前收到的猪全部还了回来，梁鸿没有收，委婉拒绝了，之后就回到了故乡。

梁鸿的故事很快在家乡传开，孟光也有所耳闻，对梁鸿敬佩不已。孟光长得又胖又黑，力气却大得惊人，能举起石臼。总之，她既没有大家闺秀的温婉大气，也没有小家碧玉的娇俏温柔，倒有几分野丫头的气质。

长成这样，无论在哪朝哪代，孟光都具备了“剩女”的潜质，年过三十，还待字闺中，不过不是没人上门提亲，而是她眼光太高。有一次，她在荒野中救了一个饿晕的落魄书生，书生苏醒后，决定以身相许，被孟光一顿数落后赶走了。

财主的儿子也曾向孟光提亲，遭到拒绝后，财主的儿子十分恼火，指着孟光羞辱道：“长得像磨盘，还这么挑剔，我肯娶你，这是你的福分，你竟然不识抬举!”孟光毫不客气地回怼道：“你有钱，就去娶漂亮的姑娘啊！我这种丑女，你永远娶不到!”

县令的小舅子听说财主的儿子都被拒之门外，一时也来了兴趣，他将自己打扮成高雅的儒士前来提亲，说道：“我早就对姑娘的高尚品德有所耳闻，实在佩服。”孟光却说：“我的品德再高，怎么比得了高官呢？一人得道，鸡犬升天，我可不如你。”县令的小舅子听后，灰溜溜地走了。

上门提亲的人，一个个都被孟光赶走了，孟光的父母着急了，问道：“女儿，你也老大不小了，到底想找什么样的男人啊？”孟光直言不讳地说道：“除非我能找到品德像梁鸿那样的人。否则，我就不出嫁。”

孟光的话传到了民间，大家都笑孟光是癞蛤蟆想吃天鹅肉。当时有不少人都敬慕梁鸿的高风亮节，希望把女儿嫁给他，都被梁鸿拒绝了，他又怎么会看上又黑又丑的孟光呢？可令人万万没想到的是，梁鸿听说此事后，竟然主动请人去行聘。

于是，孟光欢欢喜喜地备起了嫁妆，可她的嫁妆不是金银罗缎，而是布衣、麻鞋、箩筐，还有织布的工具。大家感到奇怪，孟光却不做解释，一副胸有成竹的样子。

刚过门的那几天，孟光和其他新娘一样，精心打扮自己，可

梁鸿对她却爱答不理的，孟光便主动问道：“我听说你回绝了多门亲事，我也拒绝了不少才子俊男，如今我们已经成婚，你为何对我如此冷淡，难道我哪里得罪了你吗？希望你能如实相告。”

梁鸿叹了一口气，说道：“我想娶的是一个勤劳俭朴的女人为妻，可以和我一起到深山劳作、隐居。可我见你打扮如此讲究，这哪里是我希望的女人的样子呢？”

孟光一听，“扑哧”一声笑了，转身就走了出去。不大一会儿工夫，她就穿着布衣，提着劳动工具出现在梁鸿面前，说道：“其实，我早就准备好了隐居所需的衣服和器具。我涂脂抹粉，只不过是故意考察你的志向。”梁鸿一听，高兴地说道：“这才是我梁鸿的妻子啊！”

后来，梁鸿与孟光进了霸陵山隐居，以耕织为业，以诗琴自娱，过着神仙眷侣般的幸福生活。

⊙佳人佳话⊙

什么样的人才能成就美满姻缘？不一定是郎才女貌，也不一定是俊男靓女，但一定是精神上契合的男女，兴趣相投，梁鸿与孟光就是如此。

可惜，现在的不少人被物质、美貌迷惑了双眼。这些人忘记了，物质虽然能提高生活质量，却无法让我们获得内心的快乐与幸福。美貌虽然让人赏心悦目，但随着时间的流逝，容颜也会老，加之审美疲劳，再漂亮的容貌也会失去往日的吸引力。所以，最好的婚姻是精神与志向上的契合。能够与灵魂伴侣共度此生，才是一个女人最大的福气。

黄月英

从才女到贤内助，诸葛亮的传奇伴侣

诸葛亮是很多女性心目中的男神，身长八尺，面如冠玉，学识渊博，在当时可是妥妥的“学霸”一枚，却娶了一个“丑妻”黄月英。

但黄月英可不是一般人家的女子，她是汉末三国时期沔南（今湖北襄阳）名士黄承彦之女。至今在襄阳本地还流传着很多关于她的故事。据说她并不是丑女，而是美女，只因遭到乡里年轻女子的嫉妒，才故意诋毁她。

黄月英不仅人长得漂亮，才华也十分出众，这让父亲黄承彦很是担心，他怕年轻男子只看重女儿的相貌，不重视她的才华。所以，就故意给女儿起个小名叫“阿丑”。如此一来，加上村民谣传，就坐实了黄月英的“丑女”身份。

男大当婚，女大当嫁。黄月英也到了出嫁的年龄，她决定寻找一位有学识的男子为伴。当听说诸葛亮人品、学识俱佳时，她就让父亲上门去提亲，并且再三叮嘱父亲，一定要告诉诸葛亮自己长得很丑，她倒要看看诸葛亮是不是个以貌取人的凡夫俗子。

黄承彦向诸葛亮说明来意后，诸葛亮一口答应下来。相传诸葛亮在黄承彦主动登门求婚之前，曾到访过黄府。那天，诸葛亮刚步入黄府，突然就窜出两条大狗直奔他而来，诸葛亮吓得连连后退。就在这时，一个丫鬟跑了过来，在两条大狗的脑袋上各拍了一下，又拧了拧狗耳朵，两只大狗便乖乖地退了下去。

诸葛亮这才长舒了一口气，定睛一看，原来这是两只用木头做的看门机械狗。后来，在黄府的酒宴上，诸葛亮将自己的遭遇讲给了黄承彦，黄承彦笑着说："那是我的宝贝女儿黄月英的杰作。"诸葛亮吃了一惊，当时就在想，如果有幸见一见这位黄小姐就好了。如今，黄承彦主动上门提亲，诸葛亮是求之不得。

很快，诸葛亮就迎娶了黄月英，后来才发现自己真是捡了个宝，妻子不仅长得花容月貌，才华更是无人能比。众所周知，诸葛亮善用锦囊妙计，却很少有人知道他背后有高人相助，这个人就是贤妻黄月英。

诸葛亮手中有一宝物——鹅毛羽扇，是黄月英所送。黄月英送其鹅毛羽扇是有原因的，一是可以帮诸葛亮遮住面部，这样别人就看不出他的情绪波动；二是扇子上写有锦囊妙计，关键时刻能让诸葛亮化险为夷。

话说一天晚上，诸葛亮忽然从梦中惊醒，大汗淋漓，头痛欲裂。黄月英不慌不忙地从怀里掏出一块巾帕，再采下几片薄荷包在巾帕里面叠成条形，包在诸葛亮头上。过了片刻，诸葛亮便感到神清气爽，忙问道："你是怎么想到这个方法的？"

黄月英莞尔一笑，指着巾帕，说道："你的病是心烦忧虑所致，我不但能治疗你的头痛，还能治疗你的心病。"诸葛亮赶忙取下巾帕，打开一看，上面是妻子亲手绣的一幅《三分相图》。

顿时，诸葛亮茅塞顿开，一骨碌从床上爬起，抱着妻子说道：“你真是我的贤内助啊！”原来《三分相图》上面绣的是华夏大地，三足鼎立，分立而治。诸葛亮三分天下的大计就由此而来。

黄月英不仅上得厅堂，还下得厨房。孔明饼、龙凤配、喜沙肉等这些襄阳特色美食，据说都出自黄月英之手。

诸葛亮居住在隆中的时候，有一次有客人来访，诸葛亮便吩咐妻子磨面做饭，不大一会儿，黄月英就把面磨好了。诸葛亮感到很奇怪，偷偷观察后发现，妻子制造了几个木人，这些木人十分能干，能帮助妻子磨面。于是，诸葛亮就向妻子请教，学习了相关机械设计技巧，后来发明了运粮工具——木牛流马。

诸葛亮真是羡煞了天下所有的男人，娶了一个又美又有才华的女人，帮助他成就了一番伟业。这样的奇女子世间有几人呢？

⊙佳人佳话⊙

因诸葛亮娶了“丑妻”，乡间有“莫作孔明择妇，正得阿承丑女”的谚语流传。殊不知，诸葛亮却把妻子当成宝，因为他欣赏妻子的才华，佩服她极强的持家能力，他所取得的成就一半应归功于贤妻。

试想一下，如果诸葛亮不是娶了黄月英，是不是还在隆中念《梁甫吟》，感叹怀才不遇呢？这应该就是诸葛亮珍爱黄月英一生的原因吧。在以貌取人的时代，或许只有那些有才华的女人，才会被优秀的男人深爱，才能成就一段神仙眷侣的佳话。

李世民的贤内助，身边却总带着一包毒药

成功的男人背后都有一个优秀的女人，唐太宗李世民也不例外。他背后的女人长孙皇后(601—636年)就大有来头，她的智慧、仁爱与贤德，如同一盏明灯，照亮了李世民的治国之路。

长孙皇后祖籍河南洛阳（一说雍州长安，今西安），她的父亲长孙晟是隋朝的右骁卫将军，曾设计分化突厥，为国家做出了突出贡献。突厥人都非常敬畏他，听到他拉弓，就认为是霹雳；见他骑马，认为是闪电。因此，长孙晟家有“霹雳堂”之美称。

虎父无犬子，长孙皇后自然也非等闲之辈，她在十三岁那年嫁给了李世民，当时李世民还是唐国公李渊的二公子，李世民登基后，封她为皇后。

虽然贵为一国之母，但长孙皇后从不奢侈浪费，衣服用具，够用就好。她对皇子要求也非常严格，太子李承乾从小由奶妈遂安夫人带大，遂安夫人对太子视如己出，十分疼爱，多次向皇上提出增加太子宫的费用。长孙皇后却不同意，说道：“身为太子，应该忧虑的是自己的品德、名声不好，而不是忧虑东西不够用!”

长孙皇后有仁义之心。李世民的女儿豫章公主的亲娘去世得早，长孙皇后看她可怜，便收养了她，对她的疼爱甚至超过了对自己的孩子。宫中有妃子或者宫女生病，长孙皇后会亲自看望，减少自己的膳食和医药费用去帮助她们。长孙皇后因此深得宫中人爱戴。

李世民脾气火爆，常常因为心情不好无故责罚宦官、宫女，长孙皇后也会跟着假装生气，大声嚷嚷着命人将“犯错”的人押入大牢，由她亲自审问。数日后，见李世民气消了，长孙皇后就和李世民争辩，为“犯错”的人洗清冤屈。

有一天，李世民退朝回到宫中时，板着脸，面色铁青，一副怒气冲冲的样子，宦官、宫女们见状都退避三舍，生怕点燃“火药桶”。长孙皇后递上一杯水，关心地问道：“皇上，这是发生什么事了吗？”

“那个乡巴佬气死我了，等着吧，我一定找个机会杀了他！”李世民拍着案儿，咬牙切齿地说道。

“谁是乡巴佬？”长孙皇后追问。

“还有谁？除了魏徵，谁还有这个胆子！他竟然敢在金銮宝殿上羞辱我！”李世民不耐烦地回答。

“依我看此人不仅不能杀，还必须重用！”长孙皇后不紧不慢地说道，看到李世民脸上流露出惊诧的眼神，又说道，“您忘记长乐公主的事情了吗？”

长乐公主是李世民和长孙皇后所生，李世民对这个女儿宠爱有加，当年长乐公主准备出嫁的时候，李世民下令陪送的嫁妆一定要超过皇妹永嘉长公主。这个时候，魏徵出面劝阻，认为皇女的嫁妆超过皇妹不符合礼数。

李世民后来将此事告诉了长孙皇后，长孙皇后听后，大赞魏徵是国家栋梁。她说道："我与你是结发夫妻，蒙受很多恩惠宠爱，

可我每次和你谈话的时候，还要察言观色，生怕冒犯了你的威严，何况是臣子，他们与你的关系更加疏远。而魏徵敢直言，是多么难得啊！你一定要接受他的建议。”随后，长孙皇后还赏赐了魏徵，再三叮嘱他一定要保持这份正直。

“那又怎样，我是一国之君，就任他当众羞辱我？”李世民火气依然很大。长孙皇后不再说话，退回寝殿，换上了正式的皇后礼服，严肃地站在大厅之上，准备朝拜。李世民上前拉住长孙皇后，急忙问：“你这是干什么啊？”

长孙皇后凝视着李世民，说道：“我听说君王英明，臣子才正直。魏徵如此正直，是因为陛下是一位英明的君主，怎么能不庆贺？”李世民听后“扑哧”一声笑了。

636年，长孙皇后的哮喘病复发，太医用尽了方法病情也未见好转。太子李承乾向娘亲建议让皇上赦免天下，广开善门，超度凡夫俗子皈依佛、道两教，以祈求神灵的保佑，遭到了长孙皇后的严词拒绝。

长孙皇后深知自己的时日不多了，拉着李世民的衣袖，艰难地说道：“临死之时，我想请求您三件事：第一，房玄龄是忠臣，一定要重用他；第二，请您不要让长孙族人担任朝廷要职，只有这样才能保长孙一族平安；第三，我死后无须厚葬，依山建坟，瓦木随葬，我就满足了。”

李世民含泪答应了长孙皇后的请求，长孙皇后的脸上露出了欣慰的笑容，她颤颤巍巍地将随身携带的毒药拿了出来，说道：“之前陛下生病，我就发誓，若陛下有不测，我定会以死殉情，因为我不想成为下一个吕后。”

不久后，年仅36岁的长孙皇后病逝，一代贤后就此陨落。

长孙皇后的故事，是一段关于智慧、仁爱与贤德的传奇。她用一生诠释了什么是“贤后”，她的智慧和仁爱，不仅成就了李世民的伟业，也成为后世女性的楷模。

⊙佳人佳话⊙

明朝著名大臣张居正曾这样评价长孙皇后：“虽圣明天挺，然亦有内助焉。观长孙皇后之于唐太宗，虽夏之涂山，周之太姒，无以过之矣。太宗外有忠臣，内有贤后，天下安得不太平。”

这句话的大意是说，虽然君主非常英明，但还需要有贤内助的帮助。长孙皇后和李世民就是这样的关系，长孙皇后可以和夏朝的涂山、周朝的太姒相比。唐太宗能够治理好天下，一方面是自己的才能，另一方面是有贤内助和忠贞大臣的帮助。

其实，治理国家和经营家庭有异曲同工之妙，夫妻就像家里的两扇门，每扇门都各司其职，才能让这个家安稳，两扇门步调一致，才能锁得上、锁得牢，家庭才能幸福和谐、安宁长久。

王朝云

从西湖到惠州，不离不弃的深情

苏轼的婚姻之路和他的仕途一样，都颇为坎坷曲折。他一生曾有过两次明媒正娶，夫妻感情十分深厚，可惜缘分太浅，都未能白头到老。他与红颜知己王朝云相遇后，王朝云一直与他过着颠沛流离的生活，不辞辛苦漂泊万里，生死相依，成了苏轼真正的灵魂伴侣。

王朝云（1062—1096年），字子霞，北宋时期浙江钱塘（今杭州）人，因早年家境贫寒，被卖到了青楼学习歌舞，成了一名舞女。

1071年，苏轼因反对王安石变法，被贬为杭州通判。初到杭州，苏轼被杭州绝美的风景迷得神魂颠倒，常常和友人四处游山玩水，将官场的不得志抛到了九霄云外，在此期间他遇到了被他视为神女的王朝云。这一年王朝云年仅十二岁，不仅长得美丽动人，还十分擅长歌舞和演奏琵琶。苏轼来杭州任上，家中没有多少侍女，便将聪明伶俐的王朝云收为侍女。

初到苏家时，王朝云并不通文墨，只会些轻歌曼舞调琴弄曲之事，每每有客人来访，苏轼都会让她献上一曲。王朝云的琵琶弹得最动听，黄庭坚曾说过“每见琵琶忆朝云”，可见王朝云弹奏的琵琶给他留下了深刻印象。有一次黄州太守徐君猷设宴，邀

请苏轼携王朝云一起前往，宴会上，王朝云三曲《减字木兰花》，惊艳四座，让苏轼颇为自豪。

跟随苏轼之后，王朝云开始识字念书，并渐渐喜欢上了书法。有一年，苏轼因公要到润州（今江苏镇江）出差，王朝云给苏轼寄过一封回文锦书。当时恰逢春节，苏轼独在异乡为异客，甚是孤单，忽然收到王朝云的来信，看着字里行间透露出绵绵相思，思乡之情顿时化为乌有，遂提笔写下《减字木兰花》一词。

在杭州生活四年之后，苏轼又先后到密州、徐州、湖州上任，长途跋涉，颠沛流离，王朝云都跟随左右。1079 年，苏轼因乌台诗案被贬到黄州（今湖北黄冈），担任团练副使一职。虽然保留了官职，但毕竟是戴罪之身。按照规定，苏轼此时已经没有俸禄，只能领取微薄的食物，苏轼在黄州的日子着实难熬。

幸好，在黄州苏轼有两大贵人相助，一个是黄州知州徐君猷，他并没有刁难和奚落苏轼，才使苏轼和家人能在定惠院安定下来。还有一个贵人是昔日好友马梦德，他向官府申请了一块约五十亩的废弃营地交给苏轼耕种，苏轼给该地起名为“东坡”，故他自号为“东坡居士”。

在黄州的几年中，苏轼和家人的日子过得十分煎熬，但王朝云不辞辛苦，悉心照料苏轼的日常起居，将黄州廉价的肥猪肉微火慢炖，烹饪出香糯滑软、肥而不腻的肉块，这是苏轼常吃的饭菜，即后来闻名遐迩的“东坡肉”。

在那段艰难的日子里，两人的感情日渐升温，王朝云十八岁那年，被苏轼纳为妾室。1083 年，王朝云生下一子，此时苏轼已经四十八岁，中年得子，苏轼高兴得合不拢嘴，给儿子起名为遁儿。

1084 年，苏轼接到诏令，改任汝州团练副使，易地京西北路安置。接到诏令后，苏轼立即带着家眷启程，途中年仅十个月大的儿子因中暑死在了王朝云的怀里，苏轼悲痛万分，王朝云的精神也备受打击，整日以泪洗面。

1094年，苏轼接到朝廷新命：“依前左朝奉郎、责知英州（今广东英德）军州事。”在赶往英州的途中，朝廷又下了文书，苏轼再次被贬到惠州（今广东惠州），担任建昌军司马。在当时，惠州是荒蛮之地，此去路途艰险，生死未卜，苏轼不想让大家跟随自己受苦，便遣散了身边的人，只有王朝云坚决不肯离去。“现在苏家受难，你只身前往荒蛮之地，我怎么能放心，又怎么可以在这个时候离你而去呢?”苏轼十分感动，遂允许她陪同自己继续南行。

来到惠州的第三年，这一年的六月天气奇热无比，王朝云不幸感染上了时疫，但惠州地处偏僻，医疗条件很差，王朝云未能得到及时救治，病后不久就去世了。按照王朝云的遗愿，苏轼将她安葬在了城西丰湖边的松林中。

安葬王朝云之后，苏轼身心俱疲，每天都生活在对往日与王朝云的回忆和怀念之中。他写下了无数诗文，以此表达对她的思念。王朝云不仅是苏轼的红颜知己，更是他生命中真正的心灵伴侣。她的离去，让苏轼的世界变得空荡荡的，但他知道，她的爱与陪伴，将永远留在他的心中。

⊙佳人佳话⊙

王朝云去世后，苏轼写过一首《悼朝云》寄托哀思，其中有这样一句：“归卧竹根无远近，夜灯勤礼塔中仙。”

可见苏轼对王朝云的感情之深。

在王朝云之前，苏轼先后有过两个妻子——王弗和王闰之，与王朝云比起来，这对姐妹花算是大家闺秀。那么，苏轼为何独对王朝云念念不忘呢？

因为王朝云陪伴他走过了人生中最艰难的时刻，数次被贬，不管是去往多么荒芜的地方，王朝云都不离不弃。真正的夫妻就应该坎坎坷坷一起走，大起大落不放手，风雨同舟同甘共苦。这么好的女人，苏轼怎会忘记呢？

·人生悟语·

“男人负责赚钱养家，女人负责貌美如花”，这是我读过的最“毒”的鸡汤。“貌美如花”只能昙花一现，但不知还有多少女人对这话深信不疑。

哪个女人可以让时间为她停下，让青春永驻？若不能，如何能做到貌美如花？这是其一。其二，女人若不再貌美如花，男人还会赚钱养你吗？又或者，如果有一天男人对你审美疲劳，会不会重新选择一个貌美如花的女人？

理想很丰满，现实很骨感。婚姻不只是卿卿我我、花前月下，更多时候是柴米油盐酱醋茶以及生活的琐碎。好的夫妻关系应当是互相成就，互补长短，女人要做男人的贤妻良母，男人要为女人披荆斩棘、遮风挡雨，这样才能不离不弃相守一辈子。

第五章 孝

鸟兽尚知哺乳恩，不敬爹娘敬何人

孝思涌泉群（66）
百善孝为先（颜文姜）
马上过年了，送父母什么礼物好呢？ @所有人
孝
葛妙真
你也送公婆礼物？ @百善孝为先（颜文姜）
百善孝为先（颜文姜）
当然啦！孝顺是美德！ @葛妙真
孝
我爱父亲（靖女）
你太善良了，公婆虐待你，你还对他们那么好！@百善孝为先（颜文姜）
打虎救父（杨香）
谏槐救父！ @我爱父亲（靖女）
我爱父亲（靖女）
你扼虎救父，堪比武松哦。 @打虎救父（杨香）
打虎救父（杨香）
你从齐景公手中救人，可比打老虎难多了。@我爱父亲（靖女）
淳于缇萦
@打虎救父（杨香）@我爱父亲（靖女）
巾帼不让须眉（荀灌）
这不是说服汉文帝废除肉刑的姐姐吗？ @淳于缇萦
淳于缇萦

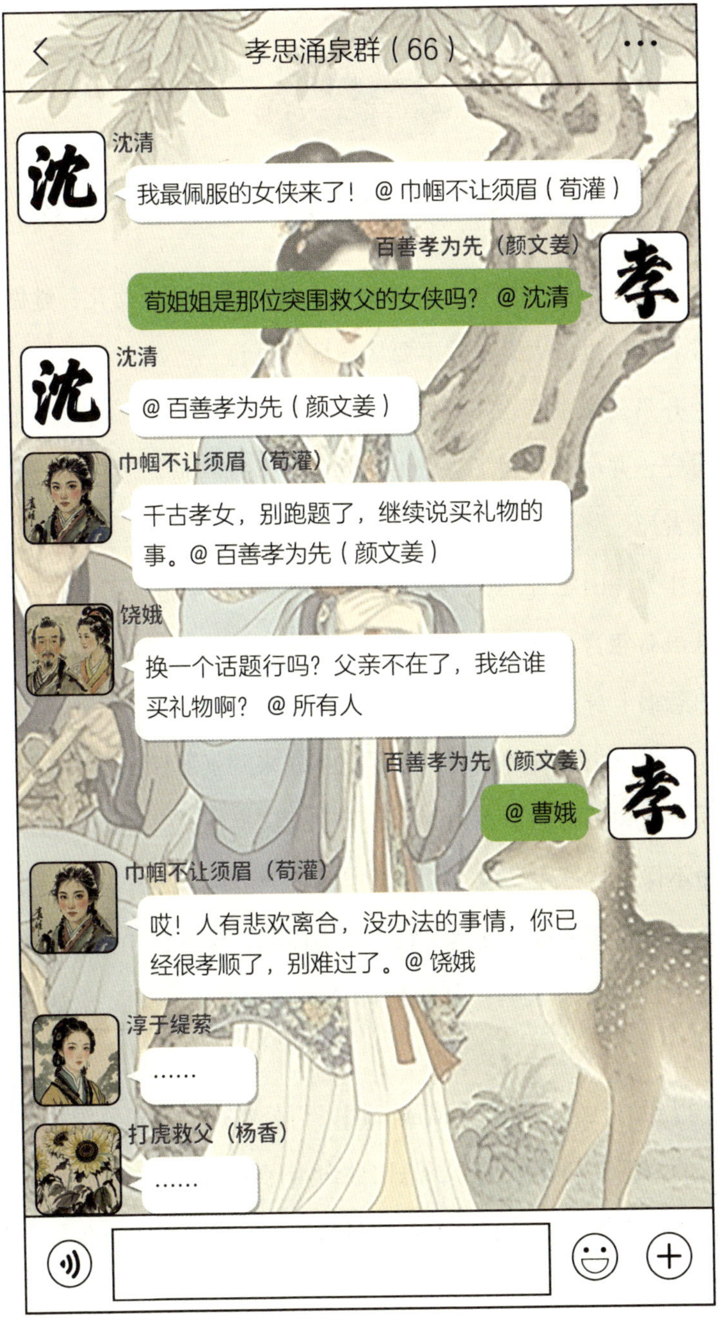
孝思涌泉群（66）
沈清
我最佩服的女侠来了！@巾帼不让须眉（荀灌）
百善孝为先（颜文姜）
荀姐姐是那位突围救父的女侠吗？@沈清
沈清
@百善孝为先（颜文姜）
巾帼不让须眉（荀灌）
千古孝女，别跑题了，继续说买礼物的事。@百善孝为先（颜文姜）
饶娥
换一个话题行吗？父亲不在了，我给谁买礼物啊？@所有人
百善孝为先（颜文姜）
@曹娥
巾帼不让须眉（荀灌）
哎！人有悲欢离合，没办法的事情，你已经很孝顺了，别难过了。@饶娥
淳于缇萦
……
打虎救父（杨香）
……

婧女

谏槐勇救父，知书达理名远扬

周朝时期的齐国有一个叫婧的女孩，是衍公的女儿，她做了一件名扬后世的大事，此事要从齐景公说起。

齐景公特别喜欢一棵槐树，为了保护这棵槐树，他专门派人来看守，并命人在树下立了一块牌子，上面写道："犯槐者刑，伤槐者死。"

作为一国之君，爱槐树到了这等地步，甚至超过了人的生命，百姓虽有怨言，却不敢说出来，看到那棵槐树，都远远地绕开，生怕惹祸上身。

一天，衍公喝醉了酒，晃晃悠悠地来到了那棵槐树旁，做出了伤害槐树的行为。等到酒醒之后，他又后悔又害怕，心想这下小命不保了！

齐景公知道后，勃然大怒，拍案而起，说道："竟然有人伤害我的槐树，来人啊！赶紧把衍公给我抓来，一定要给他判个重罪！"

得到消息的衍公家人慌成一团，衍公本是被齐景公派去看守槐树的，现在却知法犯法，恐怕性命难保啊！他们一家人抱在一起，痛哭流涕。衍公有一个女儿名叫婧，虽然心中十分焦急，但她强迫自己镇定下来，思考如何解救父亲。

婧女，知书达理，孝顺父母，还很有智慧。思考了一会儿，她立马前往相国府拜见宰相晏子。婧女考虑到自己与晏子并不相识，如果唐突地讲出救父一事，恐怕他不会帮助自己。于是，婧女便谎称自己是一民家小女子，已过婚龄，仍未出嫁，希望能充当相国侍妾，经常服侍相国。

家臣听后，立即将此事告诉了晏子。晏子感到十分奇怪，怎么会有这样的女子，不经过纳聘择吉的礼仪，就要嫁给我呢？转念一想，这女子敢这样做，必然有她的道理，不妨见一见，便让家臣请婧女进来。

婧女因为担忧父亲，满面愁容。晏子看出眼前的这位女子心事很重，便问道："你好像有什么心事？"

话音未落，婧女"扑通"一声跪在了晏子面前，恳切地说道："宰相大人，事情是这样的：国君因为一棵心爱的槐树，下了一道禁令，说谁要侵犯它，就要接受重刑，伤害它就要被处死。我的父亲负责看守槐树，却喝醉了酒，做出了侵犯槐树的事情，君王大怒，已经下令逮捕我的父亲，马上就要被判刑了。我听说，英明的君主既不会滥加赏赐，也不会乱施刑罚，更不会假公济私，不为禽兽伤害人民，不为草木伤害禽兽，不为野草伤害禾苗。可是君王却为了一棵槐树，杀死我的父亲。命令虽施于一人，却通行于全国，我听说真正的勇士绝不会仗着众强去欺凌孤寡；英明的君主，绝不会违背正道来满足私欲。如果在漆黑的地方，让人

们相亲以居，在热闹的市场上却教人正襟危坐，这不是难为人吗？稍不注意就会犯错误。现在国君向人民颁布命令，假如能够在全国推行，对后世有利，那我对父亲被判处死刑毫无怨言，就是让我连坐也是罪有应得。但是现在的禁令并不是这样的，为了一棵树让我父亲失去性命，恐怕这样做不仅会影响到吏法，还会使明君的荣誉受损。一旦邻国诸侯听说此事，恐怕都会说我国国君爱树而贱人。希望相国能考虑我说的话，酌情处理。”

晏子听后，觉得十分有道理，便趁着早朝的机会，向齐景公分析了因槐树受伤而判人受刑的种种后果。齐景公意识到了自己的错误，立即废止了伤害槐树判刑的法律，释放了衍公。

婧女的智慧和勇气，不仅救了父亲的性命，也维护了国家的正义。她的故事告诉我们，真正的智慧和勇气，是敢于质疑不合理的规则，用智慧去改变不公正的命运。

⊙佳人佳话⊙

婧女在父亲危难之际，没有慌乱，而是巧妙地接近晏子，将事情的经过、危害一一陈述清楚，以理服人，让晏子主动向齐景公说明利害，从而赦免了衍公。

婧女的行为不仅救了父亲，也避免了不当法令的实施，这是最高级孝道的体现——用智慧帮助父亲摆脱困境。如果放在今天，什么是有智慧的孝心呢？除了保障父母的基本生活和多陪伴父母外，还要了解父母的心理需求，多顺着父母心意，让他们的晚年过得轻松、快乐。

孝 颜文姜

遭到百般虐待，她待公婆如亲生父母

在淄博的博山区，有一条穿城而过的河流，名叫孝妇河。这里是中国孝文化的重要发祥地之一，被誉为“华夏孝乡”。孝妇河的由来，与一个动人的民间传说有关，传说的主人公，就是颜文姜。

相传远在周朝的时候，凤凰山下住着一户郭姓人家，老两口有一儿一女。老两口早些时候给儿子说下了青州严家庄的一门亲事，未过门的媳妇叫颜文姜。就在郭、颜两家即将喜结连理的时候，郭家的儿子生了重病，病情每况愈下。

“老婆子，咱儿子这样怎么能结婚啊？不如把日子往后拖一拖。”郭老汉对妻子说道。

“那怎么行？日子都定了，哪有不娶的道理？再说了，咱儿子现在病得这么严重，赶紧把媳妇娶进门，冲冲喜，说不定儿子的病就好了。”妻子说道。

可怜的颜文姜早晨才进了郭家的门，晚上丈夫就一命呜呼了。心地善良的颜文姜看到年迈的公婆、年龄尚小的小姑子，决定留下来，支撑起这个家。颜文姜勤快能干，伺候公婆、照顾小姑子、洗衣做饭、收拾家务、推磨磨面，样样干得有模有样。

可婆婆对颜文姜却十分狠毒，她一肚子坏水，动不动就骂儿媳是扫把星，刚过门就克死了自己的儿子，从来不允许她回娘家探望父母。不管颜文姜怎么央求，婆婆就是一句话："不行！"

一天，娘家托人捎来口信，让颜文姜回家看看。公公比较通情达理，答应了下来；婆婆当着外人的面，不好说什么，也勉强同意了。可捎口信的人刚走，婆婆便说道："你是我郭家的媳妇，怎么还想跑了不成？我告诉你，要想回娘家也行，必须当天去当天回。"

从凤凰山到青州的严家庄，至少要走二十里的山路，一来一回就是四十里，这不是明摆着刁难人吗？可转念一想，错过了这次机会，不知道要等到什么时候。于是，颜文姜点了点头，刚要走，婆婆又叫住了她，丢给她一块布，说道："你回来的时候，必须给我做七双鞋，八双袜，少一件我也饶不了你！"

颜文姜早已经归心似箭，来不及多想，满口答应下来便急匆匆地出了门。一路小跑回到娘家后，颜文姜立刻忙碌起来，左邻右舍、儿时的玩伴，都来帮颜文姜做鞋做袜。天已经擦黑，还差一双鞋没有做好，颜文姜急匆匆地赶回了婆家，婆婆正好抓住了这个借口，对颜文姜又是一番责骂。

那时候，凤凰山前没有甜水，要想喝到甜水，需要到十里之外的石马村去挑，路远又难走。可是为了让家人喝到甜水，不管是三伏天还是三九天，颜文姜都不辞辛苦去挑水。即便如此，婆婆对她依然不满意，专门做了两个尖底筲让她挑水。这样一来，颜文姜只要挑上水筲就放不下来，休想歇一会儿。

一年夏天，天气热得让人喘不过气来，树上的蝉鸣声一阵高过一阵，颜文姜挑着尖底筲去石马挑水，累得浑身湿透，肩膀被扁担压得生疼。抬头望着远处的山岭，她悲戚地说道："老天啊！我这苦日子还有头吗？难道非要累死我这个弱女子不成？"

话音刚落，不远处就出现一个牵着马的白胡子老头儿，只见他用马鞭朝青石上一指，对颜文姜说道："把水筲放下来歇歇吧。"颜文姜见青石上有两个深窝，刚好可以把两个尖底筲放上去。从那以后，颜文姜挑水的时候就可以中途放下担子歇歇脚了。

有一次，颜文姜正在歇脚，那个白胡子老头牵着马又出现了，对她说道："我的马渴了，能把你的水给它喝一些吗？"颜文姜很爽快地说道："用前面这筲饮吧，回头我喝，后面的那一筲给公婆喝。"

白胡子老头饮完马，给颜文姜一个鞭子，对她说："回头你把这根鞭子放到水缸里，用水时提一提，水就出来了。但是不能提过了头，也不能将此事告诉外人，不然会出危险的。"自从有了这鞭子，颜文姜再也不用翻山越岭去挑水了。

婆婆感到奇怪，颜文姜好久没有去挑水了，为何水缸里还有甜水喝呢？她想一探究竟，就想出了个主意，让颜文姜回娘家看望父母。待颜文姜走后，婆婆让女儿去厨房查看。小姑子一通翻找后，看到了水缸里的鞭子，感到十分好奇，便抽出了鞭子。顿时，水缸里发出了山崩地裂的声响，大水汩汩而出。

这个时候，颜文姜还未走出多远，听到巨响后，赶忙回头望去，只见凤凰山前变成了一片汪洋。她立马飞奔回家，只见公婆和小姑子都在水中扑腾。她一手拉上婆婆，一手拽着公公，又用脚挑起了小姑子，然后一屁股坐在了水缸上，水立刻不见了，水缸和鞭子也不知道哪儿去了，在她刚才坐过的地方则冒出了甘甜的泉水。后来，人们就把这泉叫作灵泉，泉水流成的河叫作“孝妇河”。

颜文姜的故事，如同一首古老的歌谣，传颂着孝与爱的力量。

⊙佳人佳话⊙

颜文姜孝顺公婆的故事发生在周朝，距今已经有3000多年了。以当今的思想和观念来看颜文姜的故事，多数人会觉得她是愚孝，现在的女性应该没有那么傻，被公婆欺负得不成样子，还打不还手骂不还口。就这一点而言，毋庸置疑是不可取的。

但是颜文姜的故事说明一个道理：百善孝为先。自古以来，人们都十分重视孝道，不管是皇亲贵族，还是平民百姓，孝敬父母公婆，都是中华民族的美好传统。

缇萦

凭一己之力，改变中国肉刑制度

淳于意是西汉时期著名的医学家，《史记》中记载了他的二十五例医案，被称为“诊籍”，这是中国现存最早的病史记录。司马迁还将他与扁鹊合并立传，即《扁鹊仓公列传》。

淳于意因担任过太仓长，所以大家都称他为“仓公”或者“太仓公”。不过，他的志向不是仕途，而是专心研究医术，因此他辞去官职，长期在民间行医。

淳于意医术精湛，名气很大，找他看病的人很多，需要排很长的队伍，等很久。为了节省时间，淳于意就拒绝治疗绝症病人，集中精力去救治那些还有治愈希望的病人。他的这个做法让很多人不理解，有人就在背后给他使绊子，告他贪污受贿、草菅人命。朝廷根据刑律，判定对淳于意施以肉刑。

西汉时期的肉刑很残酷，被处以肉刑的人，有的脸上被刺字，有的被割掉鼻子，也有的被砍去一只脚。按照西汉初年的法律，凡是做过官的人要受肉刑，必须到京城的长安去执行。

这天，淳于意被五花大绑押上囚车，送到长安受刑。“阿爹，阿爹！”忽然，一阵阵凄厉的哭声由远及近。淳于意有五个女儿，她们跟在囚车后面一边跑一边哭泣。淳于意重男轻女，看到女儿们哭泣，便怒骂道："没有儿子，到紧要关头就没有可用的人！"

淳于缇萦大约出生在公元前 174 年，父亲被判刑罚时她才十四五岁，是淳于意最小的女儿。听到父亲的这番话，她的心里很不是滋味，决定和父亲一起前往长安。从家乡临淄（今淄博）到长安，一行人长途跋涉，风餐露宿，走了近一个月才到达。

缇萦来不及休息，立马向皇帝上书说："我父亲做官的时候，齐国人都称赞他廉洁。现在他犯了罪，按照法律应该判处肉刑。我感到痛心的是，死人不能复生，受刑者的残肢不能再接，即使以后想改过自新，也没有办法了。我愿意进入官府做官婢，来替我父亲赎罪，使他有机会改过自新。"

汉文帝看过诉状后，被缇萦的孝心打动了，心生怜悯，于是颁布了诏书，在诏书上写道："《诗经》说'开明宽厚的君主，是爱护百姓的父母'，现在人们有了过错，还没有加以教育就进行刑罚，有的人想改过自新，却无路可走，朕很痛心！肉刑很残酷，切断人的肢体，摧残人的皮肉，就再也长不出来了，这是多么残酷和不道德啊！这难道符合为民父母的本意吗？因此，朕要废除肉刑，用别的惩罚来代替……"

不久后，西汉就废除了肉刑，修改了相关的法律条文，减轻了刑罚，老百姓都非常高兴，淳于意也因有一个孝顺的女儿，免去了肉刑之苦。

⊙佳人佳话⊙

东汉史学家班固觉得缇萦很了不起，写了一首名为《咏史》的诗来赞叹她，其中有这样一句："百男何愦愦，不如一缇萦"。意思是说，有一个孝顺的女儿，比一百个儿子都顶用。

千经万典，孝悌为先。无论做什么学问，孝悌是根本，如果这点做不到，无论你多么优秀，有多大的才能，对社会来说都没有多少价值。爱父母，是做儿女的本分。

杨　香

十四岁少女浑身是胆，勇敢扼虎救父

杨香是晋朝时期顺阳（今河南淅川县）人，她的父亲叫杨丰。杨香命苦，年幼丧母，父亲含辛茹苦将她拉扯大。俗话说，穷人家的孩子早当家，在苦难中长大的杨香很懂事、很勤劳，心地也善良，对父亲十分孝顺。

杨香十四岁那年，有一天她和父亲到田里收割稻子。忙完了一天的劳作，在他们准备回家时，突然听见一阵虎啸声，还未等父女俩反应过来，一只老虎已经出现在他们面前。说时迟那时快，猛虎一个跳跃，就扑到了父亲杨丰身上，杨香顿时吓呆了。但她马上意识到父亲有危险，来不及多想，一个箭步冲上前，用力一跳，就跳到了老虎的脖子上。

老虎被这突如其来的袭击吓了一跳，松了口，杨丰方脱离了虎口，滚到了路边。杨香大喊："爹爹，快跑！"可父亲已经吓得昏死了过去。

杨香一只手紧紧地掐住老虎的喉咙不放，另一只手用力捶打老虎的鼻子和眼睛。老虎被死死地扼住了脖子，有些喘不过气，用力挣扎起来，终于将杨香甩落在地上，然后快速地逃进了山林。

累得筋疲力尽的杨香爬到父亲跟前，问道："爹爹，您受伤了没有？"杨丰被女儿唤醒后，面如土色，惊恐地看了看四周，问道："那……那……老虎呢？"

"老虎已经逃回山林了。"杨香回答。

杨丰长长地舒了一口气，把心放回了肚子里，此时他才发现女儿的双臂上满是伤痕和血迹。他关切地问道："女儿，你被老虎伤到了吗？"

"别担心，爹爹，我没受伤，是我打伤了老虎。"杨香向爹爹讲述了打虎的经过，心有余悸地说道："我好担心无法救你，要是那样，我也活不下去了。"

杨丰听完女儿的讲述，吃惊地说道："你不过是个十四岁的女孩子，居然敢打老虎，你怎么会有这么大的力气啊！"

杨香微微一笑，说道："我也不知道，平时我连一辆牛车都拴不上，可能是因为我太害怕老虎会伤到你，就顾不了那么多了，把吃奶的劲儿都使出来了吧。"

父女俩平安地回到家中。从此，一名少女徒手与老虎搏斗，并让父亲虎口脱险的故事就传开了。杨香在面对老虎时的勇气和孝心着实令人佩服！

⊙佳人佳话⊙

孝是中华民族的传统美德，子女孝顺父母是天经地义的，但是比起父母对子女的舐犊之情，子女能够给予父母多少爱呢？杨香给出的答案是：愿意用生命去报答父母。

如今，我们孝敬父母长辈，虽然不必像古人那样做出那么勇敢的行为，但是我们要时刻心系父母，想父母之所想，做父亲之所愿，在生活的点点滴滴中去报答他们，这才是为人子女应该有的样子。

荀 灌

年仅十三岁，为救父孤胆突围

在历史的长河中，花木兰替父从军的故事早已家喻户晓，花木兰也成为无数人心中的巾帼英雄象征。然而，在她之前，还有一位同样勇敢无畏的少女——西晋时期的荀灌，她的事迹同样令人动容，却鲜为人知。

荀灌，字灌娘，出生于晋惠帝太安二年（公元 303 年），是颍川临颍（今河南临颍县）人，晋朝平南将军荀崧的小女儿。她出生在一个动荡的时代，国家分裂，战乱频仍，匈奴的铁骑频繁践踏中原大地。晋怀帝被俘，晋都洛阳沦陷，整个国家陷入了混乱，百姓流离失所，生活在水深火热之中。

荀灌自幼便表现出非凡的勇气与智慧。她不喜欢传统的女红，却对武艺有着浓厚的兴趣。在父亲的教导下，她学习骑马、射箭，舞枪弄剑，小小年纪便练就了一身好武艺。后来，荀崧为了保全家人的性命，带领全家逃出了洛阳。但在逃亡的途中，他们遇到了一股乱兵，双方展开了激烈的搏斗，在搏斗中，荀崧身负重伤，倒在血泊中。随后，一伙乱兵又向荀灌扑了过来，荀崧的卫兵见状，拉起趴在荀崧身上痛哭的荀灌，赶紧逃出了乱兵的包围。

荀灌虽九死一生，但失去亲人的痛苦，让她整日以泪洗面。

原来，她的祖母在这次劫难中，因为受到刺激，活活被吓死。

那段日子，荀灌过得浑浑噩噩，如行尸走肉一般。或许是老天可怜这个女孩，她的父亲荀崧竟然从死亡线上挣扎着活了过来。

当他站在女儿面前时，荀灌简直不敢相信自己的眼睛，她抱着父亲哇哇大哭，将这么多天压抑的情绪倾泻而出。在得知父亲死里逃生的经历后，荀灌暗下决心：以后再也不与父亲分开了，一定要好好保护父亲。

这次经历让荀灌长大了不少，她练武更加刻苦了，夏练三伏，冬练三九，还请父亲找来名师为她指点。经过一段时间的练习，军中的很多男兵都不是荀灌的对手。

荀崧与族人在密县、许昌等地建立“行台”以对付乱军，安定百姓。一年，荀灌跟随父亲率部移驻中原重镇宛县(今河南南阳市)。宛县地理位置险要，又是产铁基地，自古以来都是兵家必争之地。

野心勃勃的晋将杜曾想趁着乱世起兵之际占领宛县，以此发展势力，进行割据。他考虑到荀崧兵力不多，便决定以久困长围的办法迫使荀崧投降让出宛县。由于事发突然，荀崧所率部队和百姓全部被围困在城中。

日子一天天过去，宛县的情况越来越危急。思虑再三后，荀崧决定派人出城向襄城太守石览求援，他对众将士说道：“哪位将领愿突围送信呢?”众将士面面相觑，无人应答，将领们很清楚，杜曾武艺高强，勇猛过人，他的部下也多是猛将，要突出重围，谈何容易？几乎等于白白送命。

时间仿佛凝固了一般，军营里安静得连一根针落在地上都能听得见。忽然，荀灌走上前，说道：“爹爹，小将愿意前往!”

众将士不由得为之一振。

荀崧怔住了，久久没有说话，当时荀灌不过是一个十三岁的小姑娘，女儿此去有多凶险，他心知肚明，可看着将士们一个个垂头丧气的样子，他把心一横，接受了女儿的请求。随后又精心挑选了数十名锐骑，护送荀灌趁着夜色突围出城。

荀灌和骑士们刚一出城，就被杜曾的巡逻兵发现了。杜曾以为荀崧放走女儿，是即将投降，遂没有派兵去追荀灌等人，而是派人去察看县城的情况。当他得知荀崧的部队依然严阵以待后，才恍然大悟，立刻派人去追赶荀灌等人。

听到身后阵阵急促的马蹄声，荀灌大声命令道："杜曾的追兵赶过来了，切勿恋战，一切要以突围送信为首要任务。"骑士们一路护送荀灌跑出一百余里才摆脱了追兵，于第二日到达襄城。襄城太守石览闻知，亲自出城迎接荀灌，对她大加赞赏。

得知宛县的情况后，石览立即表示派兵支援，同时派人给荀崧的老友寻阳郡太守周访送去信函，请他派兵一同支援宛县。不久后，襄阳、寻阳两支援军在宛县城会合。杜曾遭到援军与荀崧部的两面夹击，败局已定，他大呼道："我聪明一世，竟然败给了一个十三岁的女童!"

宛县得救了，百姓们夹道欢迎荀灌等人，大家齐声高呼："荀灌娘，荀灌娘!"荀灌骑着高头大马走在队伍前面，害羞地向百姓致意。

荀灌的故事，如同一首古老的歌谣，传颂着勇气与智慧的力量。她用一生诠释了什么是勇敢，什么是担当，她的名字，也永远镌刻在了这片土地上。

⊙佳人佳话⊙

古语有言：忠孝两难全。但一个年仅13岁的小姑娘荀灌，却做到了忠孝两全，当父亲和百姓有难时，她勇敢地挺身而出，帮助父亲解除城池被困的烦恼，同时解救了全城百姓。

这是孝道的体现。孝分为小孝和大孝、近孝和远孝。小孝孝于庭闱，大孝孝于天下；近孝孝于一时，远孝孝于万古。显然，荀灌的孝是大孝，是远孝。心怀天下，才能大义凛然！

孝

饶　娥

感天动地哭父亲，天下至孝为建庙

在江西乐平市饶娥山半山腰上，建有一座饶娥祠，是为了祭祀唐代孝女饶娥所建，在当地至今还流传着关于她的故事。

饶娥出生在唐朝天宝八年（749 年），是江西乐平长城乡（今接渡汨滩村）人。饶娥年幼丧母，与父亲相依为命。她十分孝顺，每天天不亮便起床为父亲煮好粥，帮父亲收拾好打鱼工具，然后带上家里养的一只小黄狗，将父亲送到河边，直到父亲的小船消失在虎山的背后，她才匆匆赶回来，坐上织布机，开始织布。

一天早晨，饶娥起床后感到胸口有些闷，便推开窗户，远远望去，只见虎山上雾气缭绕。“好像要下雨了，今天就不要让父亲出去打鱼了。”她喃喃地说道，随后去厨房准备做早饭。当她掀开米缸的盖子后，才发现里面已经没有一粒米了。想到父亲整日操劳，却要忍饥挨饿，饶娥心疼地哭了，眼泪扑簌扑簌地落下来。

“别担心！今天我多打些鱼回来，再砍些柴，就可以换回米，家里就有吃的了。”不知何时，父亲已经站在了饶娥的身后。

“都怪我无能，不能替爹爹分担忧愁!”饶娥扑到父亲怀里，哭得更伤心了。父亲轻轻地拭去女儿脸上的泪水，说道：“我女儿这么漂亮，可不能哭，哭就会变丑了。等爹攒够了钱，就给你扯上几尺绢，做件新衣裳。”

说完，父亲收拾了渔具，掮上禾担就准备出门打鱼。小黄狗紧紧地跟在他后面。饶娥望了望天，劝阻父亲：“可能要变天了，您还是不要去了。”父亲看着阴沉的天空，有些犹豫，但还是说道：“没事，我早点回来。”

目送父亲离开后，饶娥拿起机梭织起布来。突然，窗户被一阵狂风“啪”的一声吹开了，饶娥起身，望向窗外，虎山上乌云压顶，暴风雨马上就要来了！她的心紧张地“扑通扑通”跳个不停，急忙跪在观音像前双手合十，虔诚地向菩萨祈祷，保佑父亲平安回来。

“轰隆隆”一声巨响，震耳欲聋的雷声夹着怒吼的山风滚滚而来，顷刻间暴雨如注。饶娥心乱如麻，再也没有心思织布，站在门口不停地向外张望，她多么希望看到父亲的身影啊！

“汪汪汪……”小黄狗突然哀号着跑了进来，扯着饶娥的裤脚就往外跑，饶娥隐隐觉得出了事情，跟在小黄狗后面一路狂奔来到了渡口，波涛汹涌的河面上空无一人，河水拍打着虎山的峭壁，发出巨大的轰鸣声。“爹爹，你在哪啊?”饶娥声嘶力竭地呼喊，回应她的只有咆哮的河水。

在渡口未见父亲的身影，饶娥又跟着小黄狗朝渡口下游的河滩跑去，可跑出没多远就停了下来。河对岸山崖边上的树木已经被洪水淹没了一半，几块船板漂浮在树木的附近。饶娥揉了揉哭肿的眼睛，定睛一看，天呀！那不是父亲的船吗？破乌篷上白底蓝花的葛布还是她亲手缝上去的呢！

饶娥意识到父亲凶多吉少，她扑倒在地上，放声大哭："爹爹，你在哪啊？"雨停了，饶娥的哭声惊动了乡亲们，乡亲们纷纷来到河滩上，村长召集所有的渔船下河寻找饶娥的父亲，但始终不见踪影。大家劝饶娥节哀，不要哭坏了身子，可饶娥的泪水却止不住地往下淌。

饶娥在岸边整整哭了三天三夜，此时她已经奄奄一息，眼睛里流出来的早已不是泪水，而是血水。她挣扎着站了起来，摇摇晃晃地来到河边，用尽最后的力气大喊道："河神，你还我爹爹！"

话音刚落，半空中就响起了一个惊雷，大片大片乌云汇集在一起，白昼瞬间变成了黑夜，大雨倾盆而下。一个时辰后，大雨突然停了，天空开始放晴。"快看，那是什么？"一个渔民大声地喊了起来。

只见波涛汹涌的河面上，浮出一个人。"爹爹，爹爹！"饶娥颤颤巍巍地冲了上去，呼喊道："爹爹，带我一起走吧，我不要孤单地留在这个世上……"乡亲们含泪劝阻，可饶娥已经没有了一丝气息，她和父亲一起离去了。

饶娥死后，人们便把那块河滩称为"泪滩"，把饶娥居住的小村改名为泪滩村。每年中秋之夜，人们都能见到河水中有两个清晰的月影碰撞，若隐若现，这一奇景就是“泪滩双月”。

⊙佳人佳话⊙

1200多年前，因民女饶娥感天动地的孝行，唐德宗钦准由官府拨发银两。修建饶娥庙，钦赐“天下至孝”的牌匾，命时任礼部员外郎的文学家柳宗元为其撰写碑文。宋代皇上赐封其“显孝”牌匾，文学家范仲淹任饶州知州时曾到过饶娥庙，并留下《题饶娥庙》诗一首，从而使饶娥的孝道故事流传至今。

一个民女的孝道故事，惊动了唐宋两朝皇帝及文学家柳宗元、范仲淹等，这足以说明中华民族对孝道文化的重视程度。时至今日，人们还常用孝道作为一个人品德的重要考量目标。所以，孝道是女人的第一礼仪，懂孝道的女人是最美的女人。

·人生悟语·

“百善孝为先”，孝敬父母长辈是中华民族的传统美德。孝顺父母的女人，往往会有一颗善良仁慈的心，有了这份仁心，就会像孝顺父母一样孝敬公婆，从而与丈夫的感情更加深厚，使家庭更加和睦幸福，还能为家庭积累更多的福报。

第六章 爱

伤怀离抱，天若有情天亦老

爱情有光群（33）
文学佳人（卓文君）
愿得一心人，白头不相离！
破镜重圆（乐昌公主）
一大早秀恩爱，撒狗粮，当心血糖超标。
@文学佳人（卓文君）
文学佳人（卓文君）
炫吧？ @破镜重圆（乐昌公主）
娥皇
这是何方宝物？
鸳鸯鸟（刘兰芝）
这是乐昌公主的定情信物。
女英
……
长城还在（孟姜女）
感动到流泪
一只蝴蝶（祝英台）
姐姐，长城还没哭倒吗？ @长城还在（孟姜女）
虞姬
明知爱情是毒药，也要一饮而尽。

爱情有光群（33）
鸳鸯鸟（刘兰芝）
……
破镜重圆（乐昌公主）
大声唱：我们都是爱情的囚徒！
一只蝴蝶（祝英台）
娥皇

虞姬

垓下悲歌：她的深情与决绝

秦朝灭亡后，楚汉之争登上了历史舞台，西楚霸王项羽与刘邦为了争夺天下，折腾了三年有余，最后项羽兵败乌江，含恨自刎身亡。项羽虽未一统江山，但有美人虞姬相伴，也算人生一大幸事。

虞姬从小聪明伶俐，长得如粉雕玉琢一般，故有“虞美人”之称。自古英雄配美人，项羽是千古无二的勇士，虞姬是才艺双全的美女，两人是天作之合。若不是因为生在那个兵荒马乱的年代，或许这对佳偶会过着只羡鸳鸯不羡仙的幸福生活。然而，谁也逃不过时代的选择，他们的故事让人感叹与惋惜。

在楚汉之争的后期，刘邦占了上风，项羽趋向败局。公元前202年，楚军被汉军围困于垓下，兵少粮尽，危在旦夕。一天夜里，楚军将士正在营帐中睡觉，忽然传来阵阵楚歌声，将士们听见家乡的歌声，不由得伤心落泪，瞬时军心涣散，纷纷逃跑。殊不知，这正是汉军设下的计谋，汉军中不少人会唱楚歌，刘邦让他们在夜晚吟唱，就是为了瓦解楚军军心。

霸王项羽知道大势已去，心如刀绞。兵败被杀又如何？项羽早将生死置之度外，可是自己心爱的女人虞姬怎么办呢？他举杯饮下一口苦酒，忧愁写在了脸上。聪明的虞姬早已经猜出了项羽的心事，她未作声，先为项羽斟满酒，又给自己倒了一杯，两人同举杯，一饮而尽。

酒饮下肚里，事泛上心头。项羽悲伤地唱起了《垓下歌》："力拔山兮气盖世，时不利兮骓不逝，骓不逝兮可奈何，虞兮虞兮奈若何！"

虞姬泪眼婆娑，换上华服，手握宝剑，凄然起舞，唱起了《和垓下歌》："汉兵已略地，四方楚歌声，大王意气尽，贱妾何聊生！"虞姬唱完这首诀别歌，拔剑自刎，死在了项羽的怀里。

项羽悲痛万分，面向苍天怒吼。此时汉军已近在咫尺，项羽来不及过多悲伤，在仓促之间草草地掩埋了虞姬，随即带着八百

骑兵连夜突围，被汉军追到了乌江亭。乌江的亭长已经停船靠岸等待项羽，劝他先回到江东保命。

项羽笑着说："上天要亡我，我还渡江干什么？当初我带领江东的八千子弟渡过乌江向西挺进，现在无一人生还，我有何脸面再见江东父老啊？"为了感谢亭长的好意，项羽将所骑战马乌骓送给了亭长。

不久后，汉军的追兵已到，项羽大开杀戒，一人杀死数百汉军，自己也身负重伤。他忽然回头看到汉军骑兵将领吕马童，大笑地说道："你不是我的老朋友吗？我听说汉王悬赏千两黄金要买我的人头，那我就把人头送给你吧。"说完，拔剑自刎而死，追随虞姬而去！

⊙佳人佳话⊙

苏轼在《濠州七绝·虞姬墓》中写道："帐下佳人拭泪痕，门前壮士气如云。仓黄不负君王意，独有虞姬与郑君。"苏轼在这首诗中赞扬了虞姬对项羽忠贞不二的感情。

执子之手，与子偕老。每个人心中都怀有这样美好的期待吧？只是在这个充满诱惑的时代，有不少人走着走着就走散了，是当初我们选错了人，还是我们自己迷失了方向呢？人生要懂得珍惜眼前的人。

卓文君

从私奔到坚守，爱情里的智慧与勇气

红尘中有太多诱惑，有几人能坚守初心？谁能没有一时的心魔呢？可西汉时期有一位才女，她用两首诗就使丈夫回心转意，让她的丈夫宁可做丁克，也不敢抛弃妻子，夫妻两人最终白头偕老。

这位才女是谁呢？她就是蜀郡临邛人卓文君。卓文君生在大户人家，父亲卓王孙是冶铁大亨，家有良田千顷，堆金叠玉，富贵逼人，仅家仆就有八百名。可这么一个从小就过着锦衣玉食的女子，却嫁给了穷困潦倒的司马相如，或许这就是爱情的魔力吧。

司马相如是何许人呢？司马相如是汉巴郡安汉（今四川蓬安）人，他好辞赋，是梁孝王的文学侍从。梁孝王去世后，司马相如不得志，便回到了老家，因家境贫寒，过着朝不保夕的生活，于是投奔了自己的好友临邛县令王吉。

临邛县的富豪很多，听说王县令家有贵客登门，都争先恐后地宴请他。这天，司马相如和王吉来到了卓家做客，卓家宾客满堂。酒过三巡后，王县令走上前，将琴放在了司马相如的面前，笑呵呵地说道："我听说你擅长弹琴，你不妨给大家弹奏一曲，助助兴如何？"

司马相如站起身欲推辞，无意间瞥见竹帘后面有一个长相俊俏的女子在偷看。这个女子就是卓文君，她刚丧夫不久。当初司马相如来临邛时，卓文君在街上曾与他擦肩而过，人群中只看了他一眼，从此便一往情深。

司马相如对卓文君也是一见钟情，于是，他爽快地弹奏了一曲《凤求凰》，用琴声来表达对卓文君的爱慕之情，令卓文君心如兔撞，心潮澎湃。宴会结束后，司马相如用金钱“贿赂”了卓文君的侍者，让其表达自己对卓文君的爱慕之情。

卓文君收到消息后，心花怒放，趁着夜色偷偷地逃出家门，和司马相如私奔了。两人去了司马相如的老家安汉。司马相如的家家徒四壁，但爱情至上的卓文君并没有因此退缩。

卓王孙得知女儿私奔之后，又气又怒，大骂道："这个不争气的东西，我看她和那个穷鬼怎么过，他们休想从我这里得到一文钱!"

再美的爱情也需要面包维持，卓文君与司马相如在安汉的日子过得太苦了。一天，卓文君对丈夫说："你和我回临邛吧，就是向兄弟们借贷也可以维持生活啊！何必让自己过得这么苦呢?"

于是，夫妻两人回到了临邛，将车马全部卖掉后，买下一个酒馆，做起了酒水生意。每天天不亮，夫妻俩就忙活起来了，司马相如穿着犊鼻裈和雇工们一起在闹市中洗涤酒器，卓文君则站在垆前卖酒。

这事很快在临邛传开了，"冶铁巨商的女儿竟然在街头卖酒"，"卓王孙的女儿嫁给一个穷鬼"，"卓家的颜面何在"……面对人们的闲言碎语，卓王孙恨不得钻进地缝里，整天躲在家里不出门。

卓王孙的兄弟和长辈们纷纷来劝说他："现在文君已经嫁给了司马相如，司马相如虽然穷，但的确是个人才，而且还是县令的贵客，你又不缺钱，何不帮帮女儿呢?"

"哎！木已成舟，只能如此了。"卓王孙不得已，只好分给文君夫妇家奴一百人、钱财一百万。在卓王孙的帮助下，司马相如和卓文君再也不用过辛苦的穷日子了。两人回到了安汉，买房置地，成了富有的人家。

有才华的人终究会闪光。汉武帝即位后，看到司马相如跟随梁王时所写的《子虚赋》，非常欣赏，便召他回到了京师。有一天，汉武帝带着司马相如去狩猎，司马相如很聪明，知道官运亨通的时刻到了，便发挥自己的聪明才智，写了一篇《上林赋》，盛赞汉武帝狩猎时的宏大场面。汉武帝非常高兴，封他做了侍从官。

司马相如自从回到京师，便与卓文君过着两地分居的生活，将曾经患难与共、情深意笃的日子慢慢地抛在了脑后，再看到身边的同僚都是妻妾成群，他也有了纳妾的想法，于是给妻子写了一封十三字的信：“一二三四五六七八九十百千万”。

卓文君看过信后，眼泪扑簌扑簌地往下落，喃喃地说道：“无‘亿’，岂不是在暗示我已经没有以往的回忆了吗?”她心如刀割，含着眼泪给丈夫写了一首《怨郎诗》，这首诗用“一二三四五六七八九十百千万”起头，将夫妻分别后的望穿秋水、惆怅万千，以及孤独寂寞的心情，描写得淋漓尽致。

看完妻子的信，司马相如不由得感叹道：“娘子真是一个才华横溢的人!”回忆起夫妻往日的恩情，他羞愧得无地自容，从此不再提纳妾之事，夫妻两人恩爱如初。

一晃数年过去了，卓文君一直未生下一儿半女。所谓“不孝有三，无后为大”，司马相如的心又开始蠢蠢欲动了。他想纳妾，延续司马家的香火，这次他似乎心意已决，连纳妾的人选都敲定了。在封建社会，男人纳妾是很正常的事情，但卓文君眼里容不下沙子，坚决不允许。不过她不哭不闹，还像上次一样，写了一首诗，名为《白头吟》。

皑如山上雪，皎若云间月。闻君有两意，故来相决绝。

今日斗酒会，明旦沟水头。躞蹀御沟上，沟水东西流。

凄凄复凄凄，嫁娶不须啼。愿得一心人，白头不相离。

竹竿何袅袅，鱼尾何簁簁！男儿重意气，何用钱刀为！

司马相如的内心再一次被震撼到了，他决定永远不纳妾，实现卓文君的心愿——愿得一心人，白头不相离。

⊙佳人佳话⊙

《史记》中记载了卓文君与司马相如私奔一事，晚清文学家王闿运的弟子陈锐对此评价道："这样的小事，本来不值得记入国史，我猜司马迁的本意是想借此宣传自由择婿的思想。"

在封建社会，女人的婚姻要遵从父母之命、媒妁之言，像卓文君这样突破封建枷锁、自由恋爱的女人屈指可数。她与司马相如的爱情始于浪漫，终于白头偕老，虽然其中有过挫折，但夫妻两人最终都守住了底线，信守承诺，挽救了岌岌可危的婚姻。

婚姻是一种承诺，有些底线必须坚守，如果突破了底线，婚姻也就没有了存在的意义，放手或许是最好的选择。

刘兰芝

夫妻化作鸳鸯鸟，双栖双飞的爱恋

常说自古婆媳难相处，这并非空穴来风，是有历史依据的。文学作品《孔雀东南飞》中刘兰芝与焦仲卿的爱情悲剧就是最好的证据，他们的故事是真实存在的。

刘兰芝是东汉末年庐江郡的一个小家碧玉，她多才多艺，知书达理，十三岁能织绢帛，十四岁学裁衣，十五岁弹奏箜篌，十六岁能朗诵诗书，是远近闻名的小才女。十七岁那年，她嫁给了庐江郡的一个小吏焦仲卿。

焦仲卿有一个老母亲和一个妹妹，刘兰芝嫁过来之后，每天起早贪黑地劳作，洗衣做饭，织布提水，将家里打理得井井有条。家有贤妻夫复何求？焦仲卿娶了娇妻之后，每天笑得合不拢嘴，下班回到家，就和娇妻待在一起，两人有说不完的悄悄话。情深意浓时，刘兰芝弹奏，焦仲卿轻唱，好一对神仙眷侣，街坊四邻无不羡慕这对恩爱的小夫妻。

可是不久后，焦母对刘兰芝颇有微词，对她横挑鼻子竖挑眼，每天都给儿媳安排繁重的工作，不管刘兰芝多么努力，做得多好，焦母都会鸡蛋里挑骨头，无事生非。纵然被婆婆百般刁难，刘兰芝还是忍气吞声，对婆婆百依百顺。可越是这样，婆婆越变本加厉。

一天，焦母气势汹汹地找到儿子，对焦仲卿说道：“你赶紧把刘兰芝给我休了！”焦仲卿有些丈二和尚摸不着头脑，忙问道：“这是为何啊？”

“她没有礼节，凡事喜欢自作主张，眼里根本没有我这个老人家，你一定要休了她！”焦母看起来态度坚决，没有商量的余地。

焦仲卿认为娇妻的行为并没有什么不妥，坚决不同意休妻，他跪在母亲面前发誓：“倘若让我休了爱妻刘兰芝，我今生就不会再娶妻！”

“你……”焦母对儿子的反应大吃一惊，她见来硬的不行，便转变了策略，坐在地上，拍着大腿，大哭大闹：“哎呀，我的傻儿子，你要为了刘兰芝这个女人，逼死你老娘不成……”焦母一把鼻涕一把泪，哭得相当伤心。焦仲卿是个大孝子，见母亲这般模样，只好含泪同意休妻。

即将劳燕分飞，焦仲卿和刘兰芝彻夜难眠，抱头痛哭。焦仲卿拭去娇妻眼角的泪珠，俯在她耳边轻轻地说道：“相信我，过不了多久，我就会接你回来，请你一定要暂时忍耐，等待我们再次相见。”

刘兰芝隐隐地感觉这一别便是永远，哭得泣不成声，叮嘱道：“你把我留下来的绣襦、罗裙、香囊、丝绳等女人用的东西，都送给别人吧，以免睹物思人。”

天很快亮了，刘兰芝起床收拾打扮后，又一次叮嘱丈夫注意身体，言语中无不透露着对丈夫的万般不舍，随后走出房门，郑重地向焦母告别。焦母绷着脸，眼神中充满着对刘兰芝的厌恶，冷冷地说道：“赶紧走吧。”

刘兰芝登上马车离开了焦家，焦仲卿骑着马随车同行。车轮每向前滚动一圈，夫妻两人的心就沉重一些，二人四目相对，眼泪如断了线的珠子，他们多么希望时间定格在这一刻啊！

不知不觉，马车到了刘兰芝的娘家门口，焦仲卿再也控制不住情绪，跳下马，钻进马车，紧紧地与妻子相拥在一起，指天发誓道：“君当作磐石，妾当作蒲苇。蒲苇纫如丝，磐石无转移。”夫妻泪眼相望，无奈离别。

刘兰芝回到家中后，整日郁郁寡欢，母亲看在眼里，疼在心上。可家中的事情母亲说了不算，刘兰芝还有一个哥哥，哥哥性情暴躁，家中大事小事都由他定夺。妹妹刚回家，哥哥便急着将妹妹嫁出去，先是县令托媒人登门，要给他的三儿子求亲，母亲知道女儿的心思，委婉拒绝了。

没过多久，太守派县丞又来为他的五少求婚，当母亲准备再次拒绝时，刘兰芝的哥哥站了出来，责骂道：“你一个被休的女人，待在娘家太晦气了，赶紧嫁出去才好。”在旧社会，长兄代父，刘兰芝无力反抗，只能被迫答应这门婚事，婚期很快定了下来，刘兰芝的内心无比煎熬，无时无刻不在思念焦仲卿。

刘兰芝再嫁的消息很快传到了焦仲卿的耳朵里，他骑着快马直奔刘家，看到刘家的门前已经搭好“青庐”（新娘出阁前一晚用来过夜的），心如刀割，大嚷道：“刘兰芝，你忘了我们之间的约定吗?”

刘兰芝缓缓地从“青庐”中走了出来，未语泪先流。焦仲卿气急败坏地质问道:“我如磐石,千年不转移,可你蒲苇的韧性呢?为什么在一夜之间就变成了这个样子啊?既然如此，我祝你们夫妻恩爱，日子过得红红火火!”

焦仲卿的话像一把钢刀，深深地扎在刘兰芝的心中。刘兰芝捂着隐隐作痛的胸口，呜咽地说道：“我和你同样是被逼无奈，你何必这样咄咄逼人，讲这么难听的话呢?我只有用一死来表明我的忠贞了。”说完，刘兰芝跑回了青庐，撕心裂肺般的哭泣声在寂静的夜空回荡。焦仲卿骑上马，心灰意冷地回家了。

此时已是寒冬时节，清冷的月色洒在地上面，好像给地面铺上了一层银霜，树叶在冷风中摇曳，站在树枝上的孤鸟发出阵阵悲鸣声。刘兰芝踉踉跄跄地走出“青庐”，在凄冷的夜色中，她纵身一跃，跳进村外的池塘中，结束了自己年轻的生命。

焦仲卿魂不守舍地回到家中，跪拜在母亲面前，请母亲保重身体。焦母并没有意识到这是儿子在与自己做最后的诀别，还在安慰儿子：“刘兰芝有什么好，你在官府当差，还担心讨不到老婆吗?你放心吧，我已经为你物色好一个漂亮女子了。”

焦仲卿已经下定了赴死的决心，哪里听得进去母亲的话。与母亲告别后，他来到庭院。夜色渐浓，一群乌鸦飞过屋顶，一种不祥的预感涌上他的心头，他喃喃地说道：“我的爱妻应该已经在黄泉路上等我了。”于是，他解下腰带挂在庭院的一棵树上，自缢身亡。

天亮了，焦家和刘家都传来悲痛欲绝的哭声，焦仲卿与刘兰芝双双殉情的消息，很快在十里八乡传开了，人们纷纷跑到焦、刘两家的门前指责唾骂，并要求他们将焦仲卿和刘兰芝合葬在华盖山麓。

在焦仲卿与刘兰芝的墓地，种有松柏和梧桐。这里绿树成荫，芳草萋萋，鸳鸯鸟比翼双飞，婉转和鸣，人们都说那是焦仲卿和刘兰芝在互诉衷肠。

⊙佳人佳话⊙

《孔雀东南飞》是汉代乐府民歌中的长篇叙事诗，讲述了焦仲卿与刘兰芝的爱情悲剧。在描写刘兰芝的模样时，诗中有这样一句话："指如削葱根，口如含朱丹。纤纤作细步，精妙世无双。"这该是多美的女子啊，可惜成了封建礼教的牺牲品。那么，是谁造就了这场悲剧？真的是焦母吗？不尽然！用现在的话来说，焦仲卿就是典型的妈宝男，他对母亲言听计从，才让刘兰芝受尽了委屈和屈辱，最终走上了不归路。

当然，焦仲卿生活的时代与我们不同，或许他的确有难言之隐。若现在还有妈宝男，奉劝姐妹们一定要擦亮眼睛，通常妈宝男的背后都有一个强势的娘亲。试想一下，强势婆婆＋软柿子丈夫，你能拿捏得了吗？

半块铜镜寻夫君，破镜重圆续前缘

在爱情的长河中，有些故事如同璀璨星辰，即使跨越千年，依然闪耀着动人的光芒。今天，就让我们走进乐昌公主与徐德言的故事，感受那段跨越战火与命运的深情。

乐昌公主出生在建康（今南京），是陈宣帝的女儿，南朝陈国后主陈叔宝的妹妹。乐昌公主虽生在皇家，贵为金枝玉叶，但她知书达理，温婉贤淑。在过去“父母之命媒妁之言”的婚姻制度下，乐昌公主却追求自由恋爱，不贪恋侯门富贵，她特别看重有真才实学的人。这在当时来说，是相当了不起的。

乐昌公主自己做主，下嫁给了陈太子舍人徐德言。徐德言做了驸马后，入朝担任侍中一职，便显露出了出色的政治才华，工作做得有声有色。夫妻二人相敬如宾，成了人人羡慕的神仙眷侣。

然而，时事无常，这对恩爱夫妻很快就被战乱拆散了。杨坚建立隋朝后，雄心勃勃，欲统一中国，遂举兵攻占江南，消灭了陈国。按照古代的惯例，亡国之君以及亲族是不能在原来的地方生活的，所以陈后主及其皇族们都被押到了隋朝的国都长安，当然，乐昌公主也在其中。

马上就要与夫君分别了，而且这一别有可能就是永远，乐昌公主的眼泪止不住地往下落。临行时，她高高举起梳妆台上的一面铜镜狠狠地摔在了地上，铜镜顿时一分为二。

乐昌公主含着眼泪，俯身捡起地上的两块铜镜，将其中的一半塞到徐德言手中，哽咽地说道："夫君，我与你约定，以后每年的正月十五，我都会命人在长安街市上沿街叫卖这半块铜镜，直到找到你的下落，我们夫妻就可以破镜重圆。"说完，乐昌公主将另一半铜镜收在自己怀里。徐德言紧握铜镜，含泪频频点头。

这个承诺真的能兑现吗？从南京到长安千里迢迢，且兵荒马乱，徐德言是亡国之臣，不能与乐昌公主同行。这一路的艰险可想而知，更何况乐昌公主到了长安后，还不知道将会被发落到何处，夫妻再次相见的可能性十分渺茫。

乐昌公主到了长安后，被赐给丞相杨素做妾。杨素也是个不小的人物，是隋朝战功显赫的大臣，高大俊朗，一表人才，善作诗文。南征时，他担任统军主帅，沿江东下时，两岸的百姓看到他，都惊异于他伟岸的容貌，称他为"江神"。

乐昌公主能嫁给杨素，也算是一个不错的归宿。可身在丞相府，她心心念念的却是夫君徐德言，无数个深夜里，她泪湿衣襟，梦回旧时家园，与徐德言诉说衷肠，天亮了，却孑然一身，生活在陌生的城市。

与爱妻离别后，徐德言常常手执半面铜镜，回忆与妻子往昔的温情：曾手执凤钗为爱妻插上云鬓。如今镜破人去，留下他孤身一人向明月，怎不叫人伤心欲绝？可每每想起爱妻临别前的殷殷叮嘱，徐德言的心里就泛起了波澜，他忍辱负重，暗暗下决心一定要活下去，待时局稳定，就可以北上寻找爱妻。

每年的正月十五，乐昌公主都会命贴身的女仆拿着半面铜镜到长安的街市上沿街叫卖，喊出的价格高得离谱。大家都觉得这个女仆脑子有问题，不愿意理会她。

时光荏苒，岁月如梭，一晃两年过去了，夫君没有半点音信。乐昌公主脑子里闪过无数的可能：难道夫君移情别恋，另有家室了？不会是路途太过遥远，夫君路上有了三长两短，离开了人世？

在苦苦的思念中，迎来了第三年的正月十五，女仆又一次出现在长安街头的闹市中。这天女仆拿着两块半面铜镜，高高兴兴

地跑了回来，对乐昌公主说道：“您快来看啊！这两块半面铜镜严丝合缝!”她一边说一边将两块半面铜镜合在了一起。

乐昌公主上前从女仆手中夺过铜镜，端详了很久，眼泪如断了线的珠子落个不停。片刻后，才对女仆说道：“快跟我讲一讲事情是怎样的?”

原来，女仆在街上卖铜镜的时候，遇到一个书生模样的年轻人，他手中也拿着半面铜镜在售卖，声称此镜价值连城，但是如有人拿另一半与这半块铜镜恰好合在一起，将分文不取。于是，女仆拿出自己的半面铜镜，神奇的一幕出现了，两块铜镜竟然完整地合在了一起，年轻人就将铜镜送给了女仆，并详细询问了乐昌公主的情况。得知乐昌公主已经嫁给了杨素，年轻人十分伤心，留下自己在城中的地址后就离开了。

元宵夜宴上，杨素未见到乐昌公主，就派人去催请。来人见乐昌公主拿着一面破铜镜哭得梨花带雨，不敢惊扰，回去将情况如实告诉了杨素。杨素心生疑虑：难道这铜镜之中有什么秘密不成?

当天晚上，杨素来到乐昌公主的房中，询问破铜镜的由来。乐昌公主和盘托出，跪在地上哀求杨素让他们夫妻见上一面。自己的女人心有所属，杨素心中虽有不快，但不忍心伤害爱妾，于是同意他们见上一面。

这天，徐德言正在黯然神伤，丞相府派人送来了请帖。他心事重重地来赴约，再次见到爱妻，两人泪眼相望。乐昌公主看到憔悴的徐德言，心中纵有千言万语，不知从何说起。过了好一会儿，她才表示自己已经嫁做他人妇，无法重续前缘，希望徐德言另觅佳偶。

徐德言叹了一口气，缓缓地说道："能够与你再见一面，已经知足，今生不会再娶。不久后我便返回江南，遁入佛门，与青灯为伴，了却此生。"说完，徐德言与乐昌公主皆已哭得泣不成声。

杨素看到这悲情的一幕，心生恻隐之心，爱妾的心已经随旧情而去，留住她的人又有何用呢？不如成人之美，让他们破镜重圆。当他说出这一决定后，徐德言和乐昌公主简直不敢相信自己的耳朵，他们"扑通"一声，跪在地上叩谢。

后来，徐德言与乐昌公主回到江南，过起了幸福的隐居生活。

乐昌公主与徐德言的故事，是一段跨越战火与命运的深情。他们的爱情故事告诉我们，即使命运将我们拆散，只要心中有爱，终有重逢的一天。

⊙佳人佳话⊙

乐昌公主为什么能得到两个优秀男人的宠爱呢？她虽沦为亡国公主，但还是得到了隋朝丞相杨素的钟情，这是因为乐昌公主是一个有才华的女子。徐德言来到丞相府，与乐昌公主重逢，当时杨素也在场，三人甚是尴尬。乐昌公主为了化解尴尬，默默地写了一首诗："今日何迁次，新官对旧官。笑啼俱不敢，方信作人难。"将心中的酸楚描写得淋漓尽致，哪个男人听后会不怜香惜玉呢？

美貌是基础，才华是硬实力，操守是信念力。乐昌公主与徐德言坚信忠贞不渝的爱情，最后才能破镜重圆，重获美好。

·人生悟语·

爱是一整颗心毫无保留的投入与托付。相比于男人，女人对于获得忠贞爱情的愿望更为强烈，她们愿为此飞蛾扑火、粉身碎骨，付出一切，坚守“山无陵，天地合，乃敢与君绝”的爱情誓言。

爱得彻底，爱得纯粹，爱得深沉，这没有错，但不要被爱情冲昏了头脑，请记得问一问自己：他是我值得托付终身的男人吗？若是，那就勇往直前吧；若不是，就赶紧放手，及时止损远比自欺欺人的将就要好。

爱情很多时候是感性的，尤其是在陷入其中时。我们在追求爱情时需要有一些理性，才不会最后弄得遍体鳞伤。因为理性的女人宁愿相信母猪会上树，也不相信渣男会改变本性。

第七章 勇

巾帼不让须眉，红颜更敢担当

超勇的女汉群（32）
替父从军（花木兰）
兄弟，开会了
杨家媳妇（穆桂英）
花将军，我来了。
国家兴亡，匹夫有责（梁红玉）
勇
金兵来了？
冯婉贞
冯
老娘在此，英法联军哪里逃？
杨家媳妇（穆桂英）
姑娘们，淑女一点啦！
替父从军（花木兰）
我也是醉了，我只想找人骑马打猎，不是打仗！
秦良玉
吓我一跳，差点就集合“白杆军”了。
平阳公主
来山西娘子关吧，骑马打猎的好地方。@所有人
巾帼英雄（冼夫人）
我报名。
陈硕真
带上我，岭南圣母。@冼夫人

超勇的女汉群（32）
巾帼英雄（冼夫人）
文佳皇帝，久仰久仰。@ 陈硕真
秦良玉
报名 +1
冯婉贞
报名 +1
杨家媳妇（穆桂英）
我报名。
巾帼英雄（冼夫人）
我请求带上俺家冯宝。
秦良玉
要得要得，我也带上我家的马千乘。
平阳公主
好好好！热烈欢迎帅哥捧场！
冯婉贞
带上姐夫韩世忠，我要大饱眼福。@国家兴亡，匹夫有责（梁红玉）
国家兴亡，匹夫有责（梁红玉）
我有一丝丝小慌张……

超勇的女汉群（32）
平阳公主
巾帼英雄（冼夫人）
切记！只可远观不可近瞻。@冯婉贞
替父从军（花木兰）
娘子关走起！

智慧与担当，岭南地区的和平守护者

在今天的广东高州城区，矗立着多座冼夫人雕塑，那么，冼夫人是谁呢？她就是南北朝梁武帝至隋文帝时期的岭南俚人首领，古代杰出的女政治家、军事家，她的英雄事迹堪比穆桂英、花木兰，被周恩来总理赞誉为“中国巾帼英雄第一人”。

冼夫人家世代是俚人首领，部属有十余万家，冼夫人自幼聪慧、有谋略，富有领导才能，善于行兵布阵，在百越人中享有极高的威望。冼夫人的哥哥冼挺担任南梁州刺史，他凭借手中的权势，常常欺负、掠夺附近州郡部落，使岭南一带鸡犬不宁，百姓怨声载道。冼夫人看在眼里，痛在心上，对哥哥苦口婆心地反复劝阻，最终用真情打动了哥哥，使他改变了态度，平息了岭南各部落之间的恩怨纠葛，促进了岭南各民族的和睦相处，也让冼夫人美名远播。

罗州刺史冯融十分敬佩冼夫人，就托人为他的儿子高凉太守冯宝说媒，促成了冼夫人与冯宝的美满姻缘。婚后，夫妻二人相敬如宾，琴瑟和鸣。冼夫人约束本族，让他们依礼而行，与丈夫一起解决讼诉。首领中有人犯法，即使是亲族，也依法处置，绝不留情。从此人们都不敢违法，使当地政令得到了很好的推行，社会稳定，百姓安居乐业，岭南百越部落俚、汉民族愈加融合，海南儋耳等部落也纷纷前来归附冼夫人。

梁武帝时期，梁朝官府在岭南设置高州、罗州，加强了对岭南的治理。冼夫人以岭南大首领的身份向朝廷上书，提出在海南岛设置崖州，得到了朝廷的批准，使得自汉朝就脱离了中央管理长达近 600 年的海南岛，重新回归国家。

后来梁朝发生了一件大事——侯景叛梁，高州刺史李迁仕假意征调冯宝。冯宝准备妥当，即将出发，却被冼夫人拦住了。冼夫人说道：“夫君，你万万不可去，刺史无缘无故是不会征调你的，我估计他想让你一同谋反。”

冯宝一听，脸色大变，吃惊地问道：“夫人是怎么知道的呢?”冼夫人扶丈夫下了马，说道：“前些日子，朝廷征召刺史去援助台城，可他装病不肯去，然后又偷偷地铸造兵器，聚集部众。现在又叫你过去，一旦你去了，肯定会被当成人质，用你来胁迫你的部下。所以你不能去，不如静观其变。”

数天后，李迁仕果然谋反，并派遣主帅杜平虏率军侵入赣石。冯宝听闻消息，急忙与夫人一起商量对策，冼夫人胸有成竹地说道：“我们的机会来了，杜平虏率军侵入赣石，一时半会是不可能回兵的。李迁仕孤掌难鸣，正好是对付他的好时候，但是你不能去!”

冯宝有些丈二和尚摸不着头脑，问道：“为什么我不能去?”冼夫人不慌不忙地说道：“如果你亲自去，肯定会打起来。不如派使者去骗他，讲一些谦卑的话，再给他送上一份厚礼，说自己不敢出来，想派夫人去参拜，这样一来，他肯定不会防备。”

冯宝佩服夫人的勇气和胆识，听从了夫人的安排。李迁仕果然中计，看到冼夫人率众挑着礼物前来，便没有设防。冼夫人看准时机，一声令下，千余人的队伍立马向李迁仕部发起攻击，毫无准备的李迁仕部被打得落花流水。李迁仕见大势已去，仓皇逃窜，冼夫人大获全胜。

冼夫人不仅足智多谋，而且是一个很有格局的女人。581 年，隋朝灭掉陈朝，统一中国，结束了晋末以来长期的分裂格局。冼夫人从民族团结和地区稳定的大局出发，率领岭南各部归附隋朝。隋朝为表彰冼夫人，封她为“谯国夫人”，冼夫人去世后，又被追谥为“诚敬夫人”。

⊙佳人佳话⊙

有人曾盛赞冼夫人：“力排阻力不搞分裂，坚持维护国家统一，增进民族团结，让岭南人民安居乐业，其功不可没，是我辈后人永远学习的楷模。”

冼夫人一生为什么能取得那么多的丰功伟绩？关键一点是格局，格局是什么？是一个人的眼光、胸襟、胆识等心理要素的内在布局。决定一个女人命运的，往往不是运气，而是格局。所以，我们一定要做一个有格局的女人。

勇

梁红玉

出身官妓，被后世称为巾帼英雄

在宋朝时期，有一位著名的抗金女英雄，名叫梁红玉。她生于官宦之家，她的祖父和父亲都是武将出身，虎父无犬女，梁红玉从小就与父亲、兄弟一起习武练剑，练就了一身好功夫。

1120 年，梁家遭遇了一件大事。这一年睦州人方腊起事，梁红玉的祖父和父亲在平定方腊之乱中因贻误战机，被朝廷诛杀，从此家道中落，梁红玉也沦落为官妓。一天，梁红玉与姐妹们一起招待平定方腊班师回朝的将领，席上认识了一位虎背熊腰的壮硕男人，此人就是韩世忠，两人自此互生情愫，英雄美人终成眷属。

北宋灭亡后，宋家的江山外有金兵掠夺，内有叛臣苗傅作乱，宋高宗被迫禅位给年仅三岁的儿子，由隆祐太后垂帘听政。危急时刻，隆祐太后想到了梁红玉，派她前往秀洲，催促韩世忠率兵来杭州勤王。

梁红玉骑上快马疾驰而去，仅一昼夜就赶到了秀洲。得知情况后，韩世忠立即带兵奔赴杭州，很快就平定了苗傅等人的叛乱。宋高宗大喜过望，亲自到宫门口迎接韩、梁夫妇，授韩世忠武胜军节度使，封梁红玉为护国夫人。

南宋内乱，给了金军可乘之机，金兀术率军攻入了江浙。宋高宗被金军打怕了，急急忙忙地逃到了海上。金军“望海兴叹”，又担心汉人的反抗，不敢久留，大肆掠夺一番后开始北返。

当时韩世忠担任类似浙西战区司令的职位，得知金军北撤的消息后，率领八千水军赶赴镇江进行阻击。金军号称十万，在兵力上占据了压倒性的优势，而且兵法有云“归师勿遏”，因为归乡的士兵思乡心切，往往会发挥出超常的战斗力。

总之，无论从哪方面说，韩世忠都没有多大的胜算。这天，金军开始浩浩荡荡地北渡长江，韩世忠立即率军在江面上拦截，双方在江面上打得热火朝天。梁红玉为了鼓舞士气，冒着箭雨亲自擂鼓，鼓声阵阵，士兵们气势如虹，连续打退了金军的十余次进攻，使金军迟迟无法渡江，金兀术急得直跳脚。

因不熟悉地形，金军被逼入黄天荡死港。只可惜韩世忠和梁红玉兵力太少，又是孤军作战，才让金军有机会凿通湮塞已久的老鹳河故道，撤向建康。金兵在撤退的过程中，又遭到岳飞的阻击，不得不折回长江继续北渡，再次遭到韩世忠夫妇的拦截，损失惨重。

接连取得胜利，让韩世忠放松了警惕。在一个风平浪静的日子，金军突然向宋军发起进攻。因没有风，宋军的海船很难开动，但金军的小船却行动自如。金军用小船纵火，用火箭射击宋军的船帆，很快宋军的海船就被烧毁，无数宋军兵士葬身江底。韩世忠败回镇江，金军因此突围成功。

此战韩世忠率领八千士兵对阵金军的十万大军，周旋了48天，已经达到了击退金兵的目的，可梁红玉不仅没有向朝廷邀功请赏，反而因金军突破江防，上疏弹劾丈夫，请朝廷降罪。此举被传为美谈，朝廷为此再次加封她为“杨国夫人”。

之后，韩世忠夫妇驻扎楚州（今江苏淮安）。因多年战乱，楚州遍地荆榛，无粮可食，无屋可居。梁红玉亲自用芦苇造屋，与士兵同甘共苦。经过多年经营，楚州恢复了往日的生机，又成了一方重镇，虽然兵卒只有三万人，但驻守十余年，金兵不曾来犯一次。

怎奈朝廷不争气，南宋竟然向金国求和，解除了岳飞、韩世忠等人的兵权，岳飞还被诬陷入狱。梁红玉夫妇为岳飞打抱不平，愤然辞官，归隐乡野，过着与世无争的田园生活。多年后，梁红玉逝世，被朝廷追封为“邠国夫人”。

⊙佳人佳话⊙

杰出的无产阶级革命家林伯渠曾创作了一首名为《咏梁红玉》的七言律诗，来表达对梁红玉的赞美之情：

咏梁红玉

南渡江山底事传，扶危定倾赖红颜。
朝端和议纷无主，江上敌骑去复还。
军舰争前扬子险，英姿焕发鼓声喧。
光荣一战垂青史，若个须眉愧尔贤。

梁红玉能成为女中豪杰，受万人敬仰，除了打铁还需自身硬，嫁给了志同道合的韩世忠也很关键，夫妻只有勠力同心，才能同仇敌忾，成就光辉伟业。

大唐第一公主，开创军礼下葬先河

隋朝末年，天下大乱，群雄并起，无数英雄豪杰揭竿而起，试图在这动荡的时代中寻找自己的立足之地。然而，在这个以男性为主导的乱世中，却有一位女子横空出世，她的胆识与血性令无数男儿都自愧不如。她就是唐高祖李渊的三女儿——平阳公主，也是唐太宗李世民的姐姐。

平阳公主出生于陇西狄道（今甘肃省临洮县），名字已不可考，约出生于公元597年。在她起义之前，她还只是一位普通的女子，尚未被封为公主。公元617年，李渊决定在晋阳（今山西太原）起兵反隋，他召回了远在长安的女儿平阳公主和女婿柴绍。面对即将到来的战乱，柴绍心中满是担忧，他对妻子说道：“我不在你身边，你一个人留在晋阳太危险了。”然而，平阳公主却满不在乎地摆了摆手，轻声说道：“夫君，你放心去和我老爹打天下吧，我能照顾好自己。实在不行，我就躲起来。”

柴绍依依不舍地与平阳公主告别，踏上了出征之路。丈夫前脚刚走，平阳公主就做了一个大胆的决定——赶回陕西户县的老家招兵买马。

户县距离隋朝京城大兴城（今西安）不过30公里，晋阳距离大兴城却有600公里。也就是说，平阳公主要在皇城根底下闹事，她是一个有胆识的奇女子。除了胆识，平阳公主还是一个绝顶聪明的女人，她选择在户县起兵，有一个重要的原因是当时的隋朝皇帝杨广并不在大兴城，而是跑到江都（今扬州）游山玩水去了。

话说平阳公主回到户县后，将家里所有的产业全部变卖用于招兵买马，给老爹做内应，为将来攻打大兴城打基础。那时平阳公主只有 20 岁上下，在不到三个月的时间，就招募了数万人，有好几支反隋起义军，都慕名而来，投到她的麾下。

动静闹大了，隋朝官府很快知道了这件事，便派出军队去围剿平阳公主的起义军。平阳公主很有军事才能，不但没有被绞杀，反而连续攻下了户县、周至、武功、始平等地，这让她名声大噪。又因为她率领的军队军纪严明，爱护百姓，大家都亲切地称呼她率领的军队为“娘子军”。

几个月过去了，李渊开始率军进攻关中，派女婿柴绍去迎接平阳公主，此时娘子军已经有七万多人了，李家很快就拿下了大兴城。之后，柴绍继续随军征战，平阳公主率领娘子军镇守李家的大本营山西，驻军位置就在山西省平定县东北的绵山上。这里是出入山西的咽喉，原名“苇泽关”，是中国万里长城的著名关隘，因平阳公主驻守于此，才更名为“娘子关”。

公元 623 年，平阳公主去世，唐高祖李渊打算用军礼下葬，遭到了唐朝礼官的反对。礼官说道：“平阳公主是个女人，女人怎么能用军礼下葬呢？这违背礼节。”

李渊勃然大怒，质问礼官：“我女儿生前亲临战场，身先士卒，冲锋陷阵，立下赫赫战功。从古至今，你见过这样的女子吗？用军礼葬她，有何不可？”把礼官问得哑口无言。

于是，朝廷就破例用军礼下葬了平阳公主，谥号为“昭”，取“明德有功曰‘昭’”之意，所以我们也可以称她为平阳昭公主，这是中国封建社会中，唯一一个由军队为她举行葬礼的女子。

平阳公主的故事，是一段跨越战火与智慧的传奇。她用一生诠释了什么是勇敢，什么是担当。她的名字，也永远镌刻在了这片土地上。

⊙佳人佳话⊙

在古代公主圈中，平阳公主绝对称得上是“一姐”，她为父亲打下了半壁江山，是大唐盛开的一朵铿锵玫瑰，让人不由得想起毛主席曾做过一首大赞女战士的七绝：

七绝 · 为女民兵题照

飒爽英姿五尺枪，曙光初照演兵场。
中华儿女多奇志，不爱红装爱武装。

其实，无论在哪个朝代、在哪个社会，女人都可以不是弱者，都可以从容地应对这个世界，只要你足够勇敢。

陈硕真

反抗命运，从起义领袖到“文佳皇帝”

在中国古代的历史长河中，女性的身影往往被男性的光辉掩盖，但总有那么一些女性，以非凡的勇气和坚定的信念，突破时代的束缚，留下了浓墨重彩的一笔。说到中国古代的女皇帝，很多人会想到武则天，她是中国历史上唯一正统的女皇帝。然而，武则天并非唐朝第一个敢于称帝的女性，比她更早的，是陈硕真。

陈硕真(620—653年)，睦州雉山梓桐源田庄里(今浙江淳安县梓桐镇)人，自幼父母双亡，与妹妹相依为命。生活的艰难让她不得不将妹妹送给乡邻收养，自己则到乡宦人家帮工，只为换取一口饭吃。

然而，命运并未就此放过她。唐永徽四年（653年），她的家乡发生了百年不遇的洪水，庄稼颗粒无收，百姓过着食不果腹衣不蔽体的凄惨生活，可朝廷不仅没有开仓放粮，还照样征收各种赋税，饿死的百姓尸横遍野，惨不忍睹。

看着乡亲们一个接一个地倒下，陈硕真心如刀绞，来不及多想就打开东家的粮仓，把粮食分给了挨饿的乡亲们。乡亲们得救了，可陈硕真却遭了大罪，她被东家捆绑着吊起来打，直至遍体鳞伤，奄奄一息。乡亲们流泪了，他们自发组织起来，在夜色的掩盖下，冲进关押陈硕真的柴房将她救了出来。为了躲避官兵的追捕，乡亲们把陈硕真送到了三县交界处的覆船山上。

覆船山山高林密，人迹罕至，陈硕真扮成一个道姑，在此疗养身体。在此期间，她想明白了一个道理：百姓要过上好日子，必须推翻朝廷的黑暗统治。于是，她决定发展信众，为日后的起义积聚力量。她先散布消息称自己在深山之中遇到了太上老君，被收为弟子，掌握了帝王之术、奇门遁甲，她还创立火凤社，自称赤天圣母。

百姓对陈硕真宣扬的说法深信不疑，很快陈硕真就聚集了大量民众。就在这时，官府知道了此事，派人上山搜寻，抓捕了陈硕真，幸而在百姓的帮助下，她得以逃脱。事已至此，箭在弦上不得不发，陈硕真与妹夫章叔胤遂发动了起义，仿唐朝官制建立政权，任命章叔胤为仆射，自称“文佳皇帝”。

起义大军相继攻克了睦州、於潜等地方，但很快就遭到了朝廷的镇压。由于起义军队伍中大多是普通百姓，他们既没有作战经验，又没有接受过正规的训练，在起义初期能攻克几座城池，那是因为当地的官兵对起义军闻风丧胆，未作抵抗。后来，朝廷派深谙军事的婺州州长崔义玄来镇压起义军。在两军交战之际，一天夜里，一颗流星从天空中滑落，坠落在陈硕真的大营，崔义玄就借此散播谣言，说陈硕真气数已尽，天要亡陈。起义军闻之，惊恐万分，士气低迷，很快败下阵来。陈硕真、章叔胤等人皆被俘，惨遭杀害。

虽然这场轰轰烈烈的农民起义仅维持一个多月就被朝廷镇压下去，但是在封建社会里，陈硕真作为一个女性，在短短数月组建了一支数万人的队伍并称帝，还能与当局作战，在我国历史上也仅此一人，开创了历史的先河。

⊙佳人佳话⊙

我国著名历史学家翦伯赞对陈硕真起义给予了很高的评价，说她是中国第一个女皇帝。在男权至上的古代，陈硕真敢揭竿而起，自称皇帝，恐怕连后来的武则天都要逊色几分。

虽然其起义以失败告终，但敢闯敢拼的开创精神令人钦佩，值得现代女性学习。尤其是创业、做企业，就要像董明珠、杨惠妍这些现代女性一样，敢闯敢拼，突破自我设限，才能活出真正的自己，并最终取得成功。

秦良玉

明朝唯一的女将军，从白杆兵到封侯

提及我国历史上的女英雄，你一定会想到替父从军的花木兰，想到保家卫国、屡立战功的穆桂英，想到抗击英法联军、专打白毛子的冯婉贞……她们都是令人敬仰的女英雄，不过她们都未被正式封侯。在我国历史上有一位凭战功被正式封侯的女将军，名叫秦良玉。

秦良玉（1574—1648年）是四川忠州（今重庆市忠县）人，明朝末年著名的女将军，她的父亲叫秦葵，是一名贡生，他与一般的封建家长不同，从不重男轻女，而是让女儿秦良玉和儿子一起习文练武。看到女儿天赋禀异，他不由得叹息道：“可惜你是个女孩，否则日后定能封侯夺冠。”

秦良玉拍了拍胸脯，自信地说道：“倘若有一天我掌握了兵权，定不会输给平阳公主和冼夫人。”她小小年纪就立下鸿鹄之志，着实令人佩服！

秦良玉这番话绝非口出狂言，后来她嫁给了土司马千乘，夫妻两人志同道合，相濡以沫，共同改造了钩镰枪，还发明了一种名为“白杆”的武器，提高了军队的战斗力，建立了后来让清兵和流寇闻之丧胆的“白杆军”。

一年，贵州播州世袭土司杨应龙作乱，马千乘率领三千人随明朝将领李化龙前往征讨，秦良玉则率领五百精兵，负责粮草押运，并扼守邓坎。公元1600年正月初二，明朝的军队都在忙着庆祝新年，热闹非凡，军营中戒备松懈。一种不祥的预感涌上了秦良玉的心头，她料定反叛军定会偷袭，于是下令白杆军不得饮酒，身披铠甲，手持长矛，严阵以待。果不其然，半夜时分，就在明军官兵倒头呼呼大睡之时，反叛军突然发动袭击，震耳欲聋的喊杀声惊醒了明军官兵，明军官兵作鸟兽散，溃不成军。

早有准备的秦良玉夫妇率领白杆军发起反击，反叛军本以为胜券在握，没想到半路杀出了白杆军，很多叛军刹那间被长矛捅倒在地，哀嚎阵阵。叛军见大事不好，纷纷掉头奔逃。秦良玉夫妇乘胜追击，紧追不舍，直捣叛军老巢。贼首杨应龙见大势已去，自缢身亡，播州之乱被平定。

崇祯三年（1630年），清军大举进攻，皇太极率兵包围了京师，明朝廷诏令天下勤王。可是，各地将领们皆

拥兵自守，不肯出兵，只有秦良玉积极响应，率领侄子秦翼明捐出家财充当军饷，昼夜兼程驰援京师。京师解围之后，崇祯皇帝召见秦良玉，赏赐她钱币、牲畜、酒水等，并赋诗四首以赞扬她的功劳。

崇祯十七年（1644 年），张献忠进入四川，在成都称帝后，派人招降四川各地的土司。当时秦良玉的军事力量非常薄弱，却不肯投降，誓与石砫共存亡，分兵守卫各处险要。因为张献忠之前有过多次被秦良玉击败的记录，所以，他即便势力很强大，但面对已经 70 岁的秦良玉，依然不敢轻举妄动，不敢靠近石砫半步。

历朝历代修史，女性都会被记载在烈女传中，但秦良玉是个特例，她是历史上唯一一位作为王朝名将被记载在正史将相列传里的女英雄。近代冰心、郭沫若也曾对她大加赞赏，爱国将领冯玉祥更是说道："纪念花木兰，要学秦良玉。"

⊙佳人佳话⊙

当年，秦良玉驰援京师，解决了京师之围，崇祯皇帝作了四首诗，对秦良玉进行褒奖，其中有一首是这样写的：

赠秦良玉诗（其二）

蜀锦征袍自裁成，桃花马上请长缨。

世间多少奇男子，谁肯沙场万里行！

这首诗的大意是称赞：连白杆兵的军衣和战袍都是自己制作的，秦良玉骑着名贵的桃花马主动请缨勤王，抵抗清兵。那些堂堂六尺男儿，竟连个女人都比不上，在国家危难之际都自顾不暇，隔岸观火。

征战沙场不是男人的专利，秦良玉的英勇无畏、大义凛然，丝毫不输于男儿。在她身上，我们看到了女性的独立与自信。“谁说女子不如男”，现代女性应该向秦良玉学习，坚强独立，勇敢走出去，闯出自己的一片天。

·人生悟语·

有句俗语叫“巾帼不让须眉”，大意是说，女子也可以有所作为，不一定比男子差。但在封建社会，女性没有社会地位，处处被限制和打压。所以，在男权的社会里，女性要与男性试比高，就好比在螺蛳壳里做道场——难啊！

在当今这个社会，无论是社会地位还是受教育程度，女性与男性都不相上下，女性哪里还需要“须眉”谦让呢？所以女性无须用“我是个女人”来自欺欺人、自我安慰。很多时候不是女性不行，而是女性的思想禁锢了自己。女性要抛弃封建思想的糟粕与束缚，勇敢做自己，因为女性也可以比男性更优秀。

第八章 智

足智多谋展才华，智慧谋略助成功

心机大王群（26）
孝元皇后（王政君）
孝元
章献明肃皇后，这名字好怪啊！
和熹皇后（邓绥）
和熹
她是宋真宗赵恒的第三任皇后@孝元皇后（王政君）
吕后（吕雉）
吕
听上去怎么像侧室转正啊！
（北宋章献明肃皇后）刘娥
哪像你呀，嫁给泗水亭长刘邦也甘心。@吕后（吕雉）
窦太后
窦
吕后可是慧眼识珠，认定刘邦是真命天子。@（北宋章献明肃皇后）刘娥
和熹皇后（邓绥）
和熹
有吕武之才，无吕武之恶。@（北宋章献明肃皇后）刘娥
（北宋章献明肃皇后）刘娥
霸道总裁（武则天）
@和熹皇后（邓绥）
吕后（吕雉）
吕
@和熹皇后（邓绥）

心机大王群（26）
北魏（冯太后）
能捂死亲生女儿，罢黜亲生儿子，不简单的女人啊！ @霸道总裁（武则天）
窦太后
窦
北魏（胡充华）
身为女人，谁没有难言之隐。@霸道总裁（武则天）
北魏（冯太后）
溺死在黄河里的时候水凉吗？ @北魏胡充华
霸道总裁（武则天）
总比无儿无女，抚养没有血缘关系的孙子好吧。@北魏冯太后
贾南风
何必揭人家的伤疤呢？ @霸道总裁（武则天）
太平公主
你也没儿子，也揭你伤疤了吧？你还杀了太子司马遹。@贾南风
平阳公主
好好好！热烈欢迎帅哥捧场！
韦皇后
韦
别忘了你和李隆基那段历史。@太平公主。

心机大王群（26）
太平公主
你和安乐公主联手干的丑事，你的手段可正常？@韦皇后
霸道总裁（武则天）
慈禧
怎么一家人还打起来了？@霸道总裁（武则天）@太平公主 @韦皇后
太平公主
滚，卖国求荣的老女人！这不是你待的地方！@慈禧
霸道总裁（武则天）
《辛丑条约》是你让签的吧？@慈禧
韦
韦皇后
英法联军火烧圆明园，有这事吧？逃到避暑山庄也难熬吧？@慈禧
慈禧
我错了

智慧与权谋，重塑北魏的辉煌

在北魏的历史长河中，孝文帝拓跋宏无疑是其中最耀眼的星辰。他推行汉化政策，重用汉人，将京城从平城迁至洛阳，这一系列举措不仅巩固了北魏的统治，更促进了南北方各民族的大融合。然而，拓跋宏的成就并非一蹴而就，他成功的背后有一位不可或缺的女性——他的嫡祖母冯太后。

冯太后 (441—490 年)，长乐郡信都县 (今河北省衡水市冀州区) 人，这位出身于北燕皇族的女子，自幼便展现了非凡的智慧与远见。她不仅在政治上有着卓越的才能，更在培养孝文帝的过程中发挥了关键作用。冯太后自幼失去父母，被没入宫中，却凭借聪明才智和姑母的庇护，逐渐崭露头角。

北魏 13 岁的文成帝拓跋濬登基不久，就选中冯氏（即冯太后）做了贵人。这一年，冯氏也只有 12 岁，三年后她被封为皇后，成了文成帝的贤内助。她体恤丈夫为国家操劳的艰辛，竭尽所能帮助丈夫排忧解难，安排好他的衣食住行。

只可惜文成帝 25 岁就病逝了，他与冯皇后相濡以沫的日子只持续了 12 年。文成帝去世后，拓跋弘登基（即北魏的第六位皇帝献文帝），冯皇后的身份就成了冯太后。当时献文帝只有 12

岁，还是个半大孩子，冯太后也不过24岁。在充满变数和阴谋险恶遍布的宫廷中，这对孤儿寡母想要立足是何等的艰难！

朝中有不少人觊觎皇位，他们犹如在深夜里寻找猎物的饿狼，一直在寻找机会。太原王乙浑便是其中之一，他铲除异己，拉拢亲信，为上位积极地做着准备。然而，世上没有不透风的墙，消息很快传到了冯太后的耳朵里。对于宫廷可能发生政变一事，冯太后并没有感到意外，似乎一切都在情理之中。冯太后目光坚毅地望着远方，平静地说道："该来的总要来！"

随即，冯太后秘密进行了布置，制定了平叛大计，悄无声息地逮捕了乙浑。还未发动政变，乙浑就被杀了，还被夷灭三族，真是可悲啊！平定乙浑之乱后，冯太后掌握了朝中大权，代替皇上行使职权、管理国家，成绩斐然，北魏政权得到了巩固。

公元467年八月的一天，平城的紫宫传来了一阵嘹亮的婴儿的啼哭声，拓跋宏（后改成汉姓称元宏）出生了，他是献文帝与李夫人之子。鲜卑拓跋部建立北魏帝国后，制定了一项惨无人道的制度——立子杀母，这一制度借鉴了西汉时汉武帝立昭帝而先杀钩弋夫人的历史经验。

当年，汉武帝当了54年皇帝，是汉朝在位时间最长的一位皇帝，但在晚年的时候犯了疑心病。在江充制造的巫蛊事件中，戾太子刘据被逼身亡，刘据死后该选谁为嗣君，让汉武帝伤透了脑筋。思来想去他决定立幼子刘弗陵为太子，可当时刘弗陵只有五六岁，他又担心刘弗陵的母亲会专权，让刘氏天下不保。于是产生了杀母立子的馊主意。

从北魏第一代皇后刘皇后（明元帝生母）被杀，到太武帝、恭帝、文成帝、献文帝连续五代皇帝的亲生母亲都被处死了，后宫的妃子们都害怕生男孩，有的甚至在生下男孩后故意将孩子饿死。

冯氏因为没有生儿育女，才能安然坐上太后这个位置。北魏

历代的太后大多是皇帝幼年时期的保姆，与太子没有血缘关系，只是名义上的嫡母罢了。冯太后无儿无女，见到长得胖乎乎白白净净的拓跋宏，母爱涌上心头，便决定将政权归还给献文帝，自己专心抚养拓跋宏。拓跋宏三岁被立为太子，冯太后为了让自己的家族世代显贵，坚守立子杀母的制度，赐死了李夫人。年幼的拓跋宏由毫无血缘关系的祖母冯太后抚养长大。

人各有志，各安天命。献文帝虽然聪明睿智，具有当一个贤能国君的潜质，但他淡泊名利，不喜欢当皇帝，喜欢黄老学说和佛教的教义，时常想出家修行，思考再三后，他决定将皇位传给皇太子拓跋宏。

公元 471 年八月，拓跋宏登基，史称孝文帝。当时拓跋宏只是一个四岁的孩子，难当治理国家的重任。因此献文帝虽然退位了，但文武官员仍然恳求献文帝主持国家大事。在献文帝掌权期间，贬斥了不少冯太后的宠臣，重用了一些冯太后不喜欢的人，这令冯太后甚为不满，加上之前献文帝设计杀害了冯太后的情人李奕，新仇旧恨一起涌上冯太后的心头。

公元 476 年六月的一天，据传，冯太后秘密毒杀了年仅 23 岁的献文帝，积压在冯太后心头十余年的恶气总算出了。这一年孝文帝才九岁，尚无堪当大任的能力，冯太后再度临朝。在执政期间，孝文帝推动了两项影响深远的政治改革——三长制和均田制。

“三长制”斩断了吸食民脂民膏的豪强集团的触角，增加了国家收入，减轻了百姓的负担。“均田制”改革了胡人部族式政权的弊病，效法中原汉人王朝的体制模式，促进了社会的进步。

任何朝代推动社会进步的政治改革，都会遇到强大的阻力，冯太后一介女流，要承受怎样的压力可想而知。当然冯太后取得的成绩无疑是耀眼的，她是北魏实际执政时间较长、政绩最突出的一位贤后，所以才能培养出优秀的孝文帝。

⊙佳人佳话⊙

历史学家对北魏冯太后给予了很高的评价，说她是“中国古代历史上少有的杰出女性之一”“中国历史上一位很有作为的女政治家”等，现代学者郭沫若更是直言“冯太后是一个很有才能的妇女”。

在以男性为主导的封建王朝，一个女性要掌握国家大权，难比登天，可冯太后不仅做到了，还培养出了优秀的接班人孝文帝。这说明，打破偏见，女性将大有可为。只是敢于打破偏见的勇敢女性凤毛麟角罢了。

胡太后

从权倾朝野到命丧黄河，她的智慧与悲剧

前面说了孝文帝与冯太后，这里说说孝明帝与胡太后。

公元515年初，北魏宣武帝病逝，他唯一的儿子元诩登基称帝，史称孝明帝。当时朝廷的政权掌握在以高皇后为首的高家集团，高皇后的叔叔高肇是宰相，他大权在握，横行霸道，皇族也要忌惮他三分。

元诩登基后，高皇后整日忧心忡忡，担心有一天政权落到元诩和他的母亲胡贵嫔手中，便有了诛杀胡贵嫔的想法。胡贵嫔原名胡充华，安定郡临泾县（今甘肃省镇原县）人，是元诩的亲娘、宣武帝的小妾。她深受宣武帝恩宠，入宫没多久就有了身孕，后来生下了元诩。

原来，北魏初期有一项残酷的制度——立子杀母，所以后宫的女人都十分害怕怀孕，不小心怀孕的嫔妃们也会日日祈祷："一定要生女儿，不要生儿子！"但胡充华不同，她说："我希望生一个太子，我不能因为爱惜自己的生命，让帝国未来没有君主啊！"

后来，胡充华不仅生了男孩，还是长子。元诩出生的时候，宣武帝已经28岁了，在此之前也有过皇子，但种种原因都不幸夭折。元诩出生后，宣武帝笑得嘴巴都裂到耳根子后边去了，抱着胡充华一个劲地感激："谢谢你，我有后人了，江山有人继承了！"

时间过得很快，一转眼元诩三岁，被立为太子。按照北魏的传统，胡充华应该被处死，但宣武帝下令废除了"杀母立子"的祖规。母凭子贵，胡氏不仅没有被处死，反而晋升当上了贵嫔。因此，高皇后恨得牙根痒痒的，恶狠狠地说道："胡贵嫔必须死！"一场诛杀胡贵嫔的阴谋悄然展开……

不过，高皇后的阴谋并没有得逞，胡贵嫔被大臣崔光等人救了。躲过一劫的胡贵嫔决定以牙还牙。擒贼先擒王，打蛇打七寸，要想除掉高氏集团，必须拿下丞相高肇。宣武帝去世时，高肇正领军与南梁交战，得知宣武帝病逝后，他立马班师回朝，身穿丧服来到太极殿祭拜宣武帝。祭拜结束后，他就被胡贵嫔安排的人团团围住。"你们好大的胆子……"高肇的话还没有说完，就被一群壮汉绞死了。

高肇死后，高皇后的靠山倒了，她也成了秋后的蚂蚱——蹦跶不了几天。不久后，元诩下诏将高皇后放逐到了瑶光寺当尼姑，不准她随意进宫，高氏集团倒台。胡贵嫔摇身一变就成了皇太后，政权就落在了胡太后手中，她亲临金銮殿行使皇帝职权。

胡太后身边有两个红人，一个是监督院总监元怿，一个是中央禁军总监元义，这两人素来不和。元怿辅佐皇家多年，能力超群，深受世人敬重与拥戴；元义则张狂不可一世，目无法纪，常被元怿制裁。元义非常痛恨元怿，便指使龙骧府长史宋维诬告元怿谋反，胡太后立即下令拘捕元怿，可经过调查发现，此事子虚乌有，元怿被无罪释放。

偷鸡不成蚀把米。元义越想越害怕，一旦元怿日后报复，那自己必死无疑。既然如此，不如一不做二不休，先下手为强。于是，他联合与元怿有过节的京城卫戍司令——宦官刘腾——密谋此事。

刘腾愁眉苦脸地说道："元怿是胡太后面前的红人，这事要是让胡太后知道了，她肯定会活剐了咱们。"

"我们将胡太后软禁起来，不就万事大吉了吗？"元义目露凶光，冷冷地说道。

后来，元义与刘腾的计划得逞，设计诛杀了元怿，又将胡太后软禁在北宫宣光殿内。宫里人从宣光殿门前经过时，常常看到一个穿着破衣烂衫、披头散发的女人趴在宫门口透过门缝使劲地向外张望，嘴巴里不停地唠叨着："都过了午饭时间了，怎么还没有人来送饭啊？"谁能想到，这就是曾执掌朝政大权的胡太后呢？

世事难料，人生无常，有失意就有得意，有逆境就有顺流。公元523年，刘腾去世了，刘、元二人掌权的时代接近尾声，对胡太后和元诩这对母子的看管渐渐松懈下来。母子二人独处的机会越来越多，他们开始密谋除掉元义夺回政权，并得到了朝中不少大臣的支持。

一天，胡太后派人邀请元义过来喝茶。元义对这个被自己软禁数年的女人没有半点防备，他如约而至，跷着二郎腿，细细地品茶，都没有正眼瞧一瞧坐在他对面的胡太后。胡太后目不转睛地盯着狂妄自大的元义，缓缓地说道："你若对朝廷忠心耿耿，没有打算做叛逆的事情，为什么不辞去中央禁军总监的职位呢？你保留其他官职照样可以继续效力朝廷啊！"

元义听到这番话，整个人都呆住了，汗水从脸颊流淌下来，因为之前他曾保荐元法僧出任徐州州长，可元法僧叛变了，胡太后若要因为这个给自己扣一个通敌的罪名，自己必将死无葬身之地。迟疑了片刻后，元义立即摘下官帽，双手奉上，说道："我请求解除中央禁军总监一职。"

元义虽被解除了中央禁军总监的职务，但仍然控制朝廷内外，所以他一点都不担心，依然潇洒地过着他的小日子。元诩有一个十分受宠的小妾潘嫔，听宫里的人都在传元义要害她，非常害怕，就跑到元诩面前哭诉。于是，元诩下诏解除了元义所有职务。

铲除元义后，胡太后再度临朝主政，她的亲信、弄臣、家奴愈加猖狂，将朝廷搞得乌烟瘴气。此时皇帝元诩已经19岁了，对胡太后的所作所为越来越不满。胡太后也感受到了来自亲生儿子的敌意，对这个日渐年长的小皇帝开始有所忌惮，千方百计地除掉皇帝宠爱信任的人，以达到蒙蔽皇帝耳目的目的。这对母子之间的恩怨也与日俱增。

元诩清楚凭借一己之力无法与胡太后抗衡，遂写密诏请岳父尔朱荣派兵相助。不料密诏外泄，胡太后先下手为强，在一个乍暖还寒的初春时节，元诩突然死亡，令朝野内外震惊不已！

元诩死后，胡太后下诏让孝文帝的后裔元钊继承帝位，而元钊不过是一个三岁的小毛孩，这样她就没有了后顾之忧，可以长期独揽政权了。

可人算不如天算，尔朱荣得知皇帝驾崩后，打着调查皇上死因的旗号在晋阳起兵，大举南下直奔洛阳。抵达洛阳后，尔朱荣大开杀戒，先是将胡太后和小皇帝元钊溺死在黄河里，随后又将文武百官两千余人全部诛杀，制造了骇人听闻的“河阴惨案”。胡太后的执政生涯最终以这种惨烈的方式结束。

佳人佳话

魏收在《魏书》中这样评价胡太后：“太后性聪悟，多才艺，略得佛经大义。”由此可见，胡太后是一个很有才华的女人，很有心计。她的人生起起落落，她除掉高氏集团，被元义囚禁于北宫，两次临朝，只可惜权力欲望过于强烈，为了阻止儿子亲政，毒杀亲子，最终落得溺死黄河的悲惨下场。

损人终会害人害己，胡太后的人生可谓是一个例子。在新时代，女性可以顶起半边天，做自己想做的事，但凡事要有一个度，要平衡好各方关系，要避免从一个极端走向另一个极端。

武则天

咸鱼翻身，一朝称帝的智慧与勇气

在以男权为主导的封建王朝中，女性能够垂帘听政已是极为罕见的壮举，而能够真正坐上皇帝宝座的，历史上仅有武则天一人。她以女性之身，开创了一个属于自己的时代——武周王朝。在那个男尊女卑的时代，武则天的成就令人瞩目，她的智慧、勇气和决断力，使她成为中国历史上独一无二的存在。为何武则天能如此卓越？这恐怕要从头说起。

武则天（624—705年），并州文水（今山西省文水县）人，唐朝开国功臣武士彟（yuē）的次女。一年，唐太宗来到洛阳宫，听说14岁的武则天长得美若天仙，便将她召入宫中封为才人，赐号“武媚”，后世传来传去就变成了“武媚娘”。

武则天来到“花丛”中，后宫佳丽三千，再美的花也容易淹没在花海中。入宫后，武则天并没有受到唐太宗的宠爱，就像一朵在墙角黯然开放的小花无人问津，她足足做了12年的才人。

武则天命运的改变始于李治。李治是唐太宗的儿子，乃当朝太子。在唐太宗病重期间，武则天与李治暗生情愫。李世民驾崩后，按照规定，没有子女的嫔妃们要去长安感业寺出家，武则天也在其中。即使在出家期间，她与刚刚上任的皇帝李治也一直藕断丝连。

两年后，孝服期已满，李治立即将已经怀有身孕的武则天召入宫中，入宫后生下儿子李弘。当时萧淑妃是李治非常宠爱的另一个女人，失宠的王皇后对萧淑妃如鲠在喉，一直在伺机报复，便联合武则天打败了萧淑妃。

虽然除去了情敌萧淑妃，但武则天并不知足，她还在觊觎皇后的宝座。公元654年，武则天生下长女安定思公主。一天，王皇后过来看望出生不久的公主，见公主十分可爱，忍不住上前逗弄。等到王皇后走后，武则天趁人不注意，竟将公主活活掐死，然后盖上被子。

刚做完这一切，李治就到了。武则天装出很开心的样子拉着李治的手，娇滴滴地说道："来看看我们的宝贝女儿吧。"她打开被子，只见女儿面色铁青，一动不动，立即哭喊道："我的女儿啊！"然后抓住侍从的衣领问道："刚才谁来过？"侍从们都说王皇后刚来过。

李治勃然大怒，额头上的青筋暴起，嘴角哆嗦着说道："皇后竟然杀了我的女儿！"武则天在一旁痛哭流涕，数落王皇后的种种罪过。王皇后哑巴吃黄连，有苦难言。不久后，李治便"废王立武"，武则天成了一国之母。

此后，武则天的势力和影响力越来越大。由于李治身体不好，风疾经常发作，无法处理国事，武则天便建议让她一起临朝听政，二人合称"二圣"。公元683年，李治病逝，临终留下遗诏，将皇位传给太子李显（即唐中宗），若有军国大事不能裁决的，应由天后（武则天）决定。

当上皇帝仅两个月，李显因为要任命韦皇后的父亲韦玄贞为侍中一事，惹恼了武则天。武则天将李显罢黜为庐陵王，随后立豫王李旦为帝，即唐睿宗，武则天仍临朝称制，距离登上皇帝的

宝座只有一步之遥。她心中一直有谋夺李氏江山的想法，但女人当皇帝没有先例，难度堪比愚公移山，所以只要让全天下人认为这是天意不可违，方能如愿。

于是，武则天的侄子武承嗣找来一块白石，在上面凿上“圣母临人，永昌帝业”八个大字，又指使手下人将白石进献给朝廷，谎称是在洛水中无意发现的。武则天便拿此事大做文章，亲自到洛水拜祭，之后给自己加了一个尊号“圣母神皇”，并且大赦天下，还将洛水改称永昌洛水，给洛水之神封侯，禁止百姓在洛水捕鱼。

武则天大费周章地进行这波骚操作，就是要让朝野内外都记住这件事，相当于隐晦一点的官宣——我武则天要当皇上了。如今天意已有，还缺少祥瑞点缀。一天，武则天的一个女官匆匆忙忙地跑了进来，上气不接下气地说道：“祥瑞……出……出现了。”

原来是一只凤凰落在了梧桐树上，武则天带领众人登上明堂，欲看个究竟。可凤凰看到武则天之后，张开翅膀向东南方向飞去，身后的鸟雀却聚集在明堂，迟迟不愿离去。

见此情景，一个很有眼色的大臣立马跪倒在地，眼含热泪激动地说道：“太后，凤凰代表的就是您啊！它飞到梧桐树上，见到您又飞走了，是在暗示您要登基啊！这些鸟雀象征的就是我们臣子，您若不登基，那就是违背天意，鸟雀们是不会离开的，我们也会长跪不起！”

武则天假装推辞一番后，就在“万般无奈”之下坐上了皇帝的宝座，成为千古唯一的一位女皇帝，此时她已经66岁的高龄。

武则天在位共16年，其间打击门阀，重视农业，发展科举，军事上稳定安西四镇，一度使后突厥归降，这一系列举措推动了社会的发展。但同时也有一些过失，如任用酷吏，大肆兴修庙宇，加重了百姓的负担。

⊙佳人佳话⊙

毛泽东主席曾说武则天确实是一个治国之材，她既有容人之量，又有识人之智，还有用人之术。武则天能从唐太宗的才人，一步步登上皇帝的宝座，最关键的一点是她能忍辱负重，计划周全。

唐太宗召她入宫，让她当了12年的才人，未生一子，可见她并不受宠。与李治暗生情愫后，又被迫出家近两年，若不是有非凡的耐力和心计，哪里有她咸鱼翻身的机会？

古人云：“天将降大任于是人也，必先苦其心志，劳其筋骨，饿其体肤，空乏其身，行拂乱其所为，所以动心忍性，曾益其所不能。”自古至今，凡是能成就一番事业的人，谁不是风雨之后见彩虹呢？

慈禧

半个世纪的权谋经历，她比武则天更传奇

在古代封建王朝的历史长河中，女性的身影大多被隐藏在幕后，但总有那么几位能够突破时代的束缚，站在权力的巅峰。在中国历史上，有两位女性以其非凡的智慧和手腕，成为位高权重的传奇人物：一位是唐朝的武则天，另一位则是晚清的“当家人”慈禧太后。

慈禧太后（1835—1908年），叶赫那拉氏，出身于满洲镶蓝旗的一个贵族家庭。她的一生，如同一部跌宕起伏的传奇，充满了权力的斗争与命运的波折。17岁那年，叶赫那拉氏在选秀中脱颖而出，被选入宫中，赐号“兰贵人”。她容貌出众，聪慧过人，很快便赢得了咸丰皇帝的宠爱。因为生下咸丰皇帝唯一的皇子载淳（即同治），母凭子贵，她一路高升，被升为懿贵妃，地位仅次于皇后。

当时，第二次鸦片战争打得火热，咸丰皇帝的日子并不过好，体弱多病不说，国家也面临着内忧外患，内有太平天国起义，外有英法联军入侵，搞得他焦头烂额，夜不能寐。因慈禧擅长书法，咸丰帝就口述，由慈禧代笔批阅奏章，并允许慈禧发表自己的见

解。从此，慈禧开始干预朝政。

1860 年，英法联军攻占北京，咸丰帝带着皇后、慈禧、皇子等人匆匆逃往热河（即承德）避暑山庄，后病死在热河。临终时，任命怡亲王载垣、郑亲王端华、景寿、协办大学士尚书肃顺、穆荫、匡源、杜翰、焦佑瀛八人为赞襄政务王大臣，辅佐同治帝载淳共同处理国家大事，又赐给皇后和皇太子两枚代表皇权的印章，以此相互牵制。当时同治帝载淳只有五六岁，还是个毛孩子，印章就交由慈禧代管。

咸丰帝去世后，同治帝即位。皇后钮祜禄氏晋封皇太后，称母后皇太后，上徽号慈安；懿贵妃叶赫那拉氏以载淳生母的身份晋封为皇太后，称圣母皇太后，上徽号慈禧。

面对年幼的小皇帝，顾命八大臣（即赞襄政务王大臣）有了非分之想，企图专权，这下惹恼了慈禧。于是，她联合咸丰帝的弟弟恭亲王奕訢，发动了辛酉政变，逮捕了八大臣，杀的杀，革职的革职。自此，慈禧将大权牢牢地握在自己手中，与慈安共同垂帘听政。

在慈禧统治时期，依靠议政王奕訢等人整饬吏治，利用曾国藩、李鸿章、左宗棠等汉族地主武装，并在列强的支持下，镇压了太平天国、捻军、苗民起义，缓解了清政府的统治危机，暂时保住了摇摇欲坠的封建政权。

为了维护封建专制统治，慈禧重用洋务派推动洋务运动，引进西方先进技术兴办实业，客观上刺激了中国资本主义的发展，但并没有使中国走上富强的道路。

1874年，年仅19岁的同治帝暴病身亡，四岁的载湉登基，即光绪帝，慈禧与慈安皇太后再次垂帘听政。七年后，慈安皇太后暴死，慈禧独揽朝政。可太平日子没过几年，1883年底，中法战争爆发，双方各有胜负，可胆小怕事的慈禧主张“乘胜即收”，与法国签订了《中法新约》，让法国占到了便宜。

在中法战争期间，慈禧罢免了以恭亲王奕䜣为首的军机处大臣全班人马，将自己的亲信安排进了军机处及内阁。从此，慈禧成了老佛爷，朝廷就成了慈禧太后的天下，不是皇上胜似皇上。

1894年中日甲午战争爆发，当时正值慈禧太后60岁大寿.为了给自己办一个风光的寿宴，慈禧竟挪用海军军费重修颐和园。毫无悬念，清政府战败了，只得割地赔款。看到法国、日本在中国尝到了甜头，其他西方列强也开始蠢蠢欲动。1900年，俄、美、英、法、日、德、意、奥八国联军侵略中国，攻占北京，慈禧太后带着光绪帝等人如丧家之犬逃到了西安，直到签订了丧权辱国的《辛丑条约》才回到北京。

1908年，资产阶级革命的浪潮更加汹涌。为了抵制革命，慈禧太后进行了假立宪，此时慈禧已经74岁了，身体每况愈下。当年农历十月二十一日，光绪帝病逝。次日，慈禧太后也驾鹤西去，结束了她对中国长达48年的统治。

⊙佳人佳话⊙

慈禧是晚清政府的实际统治者，很多丧权辱国的条约都是在她统治时期签订的。因此，不少人认为她是中国近代史屈辱不堪的元凶。不可否认，她在军事和外交上的确表现得不尽如人意，但是一个王朝的灭亡不是一朝一夕的事情，更不是一个女人就能决定得了的，而是落后的制度、腐败的官僚集团决定的。

慈禧从一个后宫低等嫔妃，一步步成为帝国的统治者，绝对有着不一般的政治头脑和超人的手腕。就像曾担任陆军部大臣穆尔察·铁良幕僚的恽宝惠说的那样："慈禧太后之为人，阴鸷而多智谋，对满汉大臣能恩威并用，权不旁落，绝非一般妇女所能及。"

慈禧很善于把握机会。咸丰帝去世后留下遗旨，形成了八大臣辅政与两宫太后代政相互制约的关系，可慈禧不甘心只做一个"盖章工具"，因而联合恭亲王奕䜣，抢先一步回到京城，发动辛酉政变，铲除了顾命大臣，将政权牢牢地控制在自己手中。

机不可失，时不再来。很多时候，我们改变命运不是差了一个千载难逢的机会，而是少了把握机会的勇气和果断的决策力。

太平公主

智慧与命运，一场权力的较量

在古代封建王朝中，唐朝无疑是女性地位的巅峰时期。这一时期，女性不仅在社会生活中享有相对较高的自由度，更在政治舞台上崭露头角。除了武则天这位传奇女性问鼎皇帝宝座，还有另一位令人瞩目的女性——太平公主，她的一生充满了权力的角逐与命运的波折。

太平公主出生于陇西狄道（今甘肃省临洮县），是唐高宗李治与武则天最小的女儿。她继承了母亲武则天的容貌与智慧，无论是长相还是性格，都与武则天极为相似。武则天对太平公主格外宠爱，常常将她叫到身边一同商议国家大事。然而，武则天也十分谨慎，不允许太平公主将参与政事的事情透露给外人。太平公主深知母亲的威严，行事格外小心谨慎，生怕引起麻烦。

武周末年，武、李两家的矛盾愈发尖锐。太平公主虽然身为武家的儿媳，但在政治上却始终坚定地站在李家一边。公元705年，李家的拥护者、宰相张柬之发动了一场震惊朝野的兵变。他们诛杀了拥护武家的张昌宗、张易之，逼迫武则天将皇位让给太子李显。这场兵变史称“神龙政变”，它不仅标志着武周政权的终结，也开启了唐朝中兴的新篇章。

太平公主在这场政治风波中扮演了关键角色。她的智慧与勇气，使她在复杂的政治斗争中游刃有余。她不仅在母亲武则天身边学会了如何处理朝政，更在“神龙政变”中发挥了重要作用。

在这次政变中，太平公主因参与诛杀二张兄弟有功，被封为“镇国太平公主”，她的哥哥李旦被封为“安国相王”。李显复位之后没多久，武则天病逝，太平公主“喜权势”的本性渐渐显露出来，开始从幕后走到台前积极参与政治，并且得到李显的尊重。

公元707年，太子李重俊谋反，安乐公主等人想趁机陷害太平公主与相王李旦兄妹，诬告他们与太子同谋，但未能如愿。自此，太平公主和安乐公主的梁子便结下了。

公元710年，李显被韦后与安乐公主毒死，李旦的权力也被架空，如此一来，朝中大权就落到了韦后等人手中。于是，太平公主起了杀心，与侄子李隆基（李旦之子）密谋诛杀了韦后等人，拥护相王李旦复位，李旦即唐睿宗，太平公主也因此被晋封万户，权势达到了顶峰。

李旦经常与太平公主商量国家大事，每次她入朝奏事，都与李旦坐在一起交谈好长一段时间。有时太平公主没去上朝谒见，李旦就会派人到太平公主府上去征求意见。每次宰相奏事的时候，李旦都会问两个问题：“这事与太平公主商量过了吗?”“这事与三郎（指李隆基）商量过吗?”得到宰相的肯定答复之后，李旦才会同意宰相的意见。

太平公主在朝中的权势如日中天，文武百官对她皆毕恭毕敬、趋炎附势，但她心中隐隐有一种不安，她惧怕太子李隆基的英明神武，所以想改立一位昏庸无能的人做太子，这样就能够长久地保住自己的权势地位了。

为了达到这个目的，太平公主散布谣言，声称“太子并非皇帝的嫡长子，因此不应当被立为太子”，又派人监视李隆基的一举一动，极其细微的事情也会向李旦报告，并在李隆基身边安插

了很多耳目。更为夸张的是，有一天太平公主竟然乘坐辇车在光范门内拦住宰相，暗示他们应该改立皇太子，在场的宰相们都大惊失色。

李隆基对这个姑姑的所作所为越来越不满，也越来越害怕，他预感有一天姑姑一定会要了自己的命。李隆基与太平公主的姑侄矛盾愈演愈烈，一场不可避免的杀戮即将上演。

公元712年，太平公主指使一个懂天文历法的人向李旦进言，大意是说，观察星象发现，朝中会有大事发生，皇太子即将登基即位。李旦却从容地说道："将帝位传给有德之人，以避免灾祸，我的决心已定。"

听到李旦这番话，太平公主心生恐惧，立马和她的同伙轮番劝李旦，叫他不要让位。可李旦不为所动，不久便传位太子李隆基（即唐玄宗），自己退为太上皇。

李隆基登基的第二年，与太平公主发生了激烈的冲突。但朝中七位宰相中有五位是太平公主的人，文臣武将也有一半以上依附于她，凭借人多势众的优势，太平公主有了废掉唐玄宗的打算，并准备仿效韦后和安乐公主，毒死李隆基。但不慎走漏了风声，李隆基先下手为强，将姑姑太平公主赐死在家中，并铲除了太平公主集团。

⊙佳人佳话⊙

《新唐书》中有这样一段文字描述太平公主："主方额广颐，多阴谋，天后常谓'类我'。"说明太平公主是一个很有政治头脑和才华的女人，那她为何未能同母亲武则天一样，成为第二个女皇帝呢？

太平公主失败有诸多的原因，其中有一点非常重要，"神龙政变"之后，武家刚刚把江山还给李家，此时朝野上下对女人干政都十分警惕。在这种社会背景下，女人干政的企图必然会遭到扼杀，韦后、安乐公主便是前车之鉴，当然太平公主也不例外。

所以，要做女强人，很重要的一点就是识时务，顺势而为。逆时代潮流而行，不得人心的行为，失败也是必然的。

·人生悟语·

古人云：女人掌权，天下大乱。这种观点纯粹是一派胡言，只不过是男人觉得被女人夺了权，脸面无光，用以遮羞的一块布罢了。

中国唯一的女皇帝武则天，埃及历史上唯一的女法老哈特谢普苏特，她们都用事实证明，女人掌权，可以和男人一样优秀。

但是，我们必须得承认，当今社会还有很多人受"女人不适合主政"思想的影响，对女性主政存在很大的偏见，这注定了女性成功之路会走得异常艰难。所以，当你做出决定时，就要做好充分的心理准备，勇敢地去迎接暴风骤雨。

第九章 慧

做人有格局，做事有慧心

慧心逆袭群（36）
歌女（卫子夫）
给大家舞一段。
大脚（马皇后）
姐姐，喝高了吧？@卫子夫
赵姬
卞氏
李夫人
当初你就是用钢管舞迷倒汉武帝的吧？@歌女（卫子夫）
逆袭人生（娄昭君）
慧
你俩都是汉武帝的舞女、歌伎，有必要切磋一下技艺。@歌女（卫子夫）@李夫人
卞氏
看不起我们舞女，你是什么来头？@逆袭人生（娄昭君）
歌女（卫子夫）
脸都给你打歪

慧心逆袭群（36）
赵姬
瞧把你惯的！
李夫人
嫁给一个大头兵，嘚瑟啥？ @逆袭人生（娄昭君）
逆袭人生（娄昭君）
我四个儿子都是皇帝，两个女儿都是皇后。
卞氏
我儿子也是皇帝，我夫君是大文豪，我骄傲了吗？
大脚（马皇后）
我夫君是开国皇帝，我儿子也是皇帝。
逆袭人生（娄昭君）
歌女（卫子夫）
来吧，姐妹们。

慧

娄昭君

从富家女到北齐奠基者，她的智慧与远见令人钦佩

一个是家财万贯的富家子弟，一个是长相不凡的穷小子，如果让你选择一个作为丈夫，你会选择谁？估计很多人会选择前者吧，毕竟爱情也是需要面包的嘛！但有的女人慧眼识珠，会选择一支潜力股，结果往往令人喜出望外。北齐的娄昭君就是这样一个女子。

娄昭君，代郡平城（今山西省大同）人，名门望族之后，北魏真定侯娄提的孙女，赠司徒娄内干的女儿。她从小聪慧又美丽，上门提亲的富家子弟络绎不绝，可娄昭君一个都看不上。娄内干对女儿的终身大事很是着急，问道："女儿啊，你到底想找一个什么样的男人啊？"

娄昭君俏皮地眨了眨眼，说道："找什么样的男人，我自己说了算。"说完，一溜烟跑了。望着女儿远去的背影，娄内干无可奈何地叹了一口气。

一天，娄昭君带着婢女在平城内闲逛，一名英俊的男子忽然与她擦肩而过，娄昭君看呆了：棱角分明的脸庞，高挺的鼻梁，深邃的眼神，这不就是我心中的男神吗？

“小姐，你怎么了?”婢女顺着娄昭君的眼神望过去，忍不住捂着嘴偷笑起来。

“这个人就是我的丈夫。”娄昭君喃喃地说。

婢女很聪明，立马去追赶这位男子，向他表明娄昭君的心意。

这名男子叫高欢，是后燕燕郡郡长高湖的后代。高湖投奔北魏帝国，成了北魏一名功勋卓著的大将，担任过宁西将军、凉州刺史等职，当时的高家风光无限。

高湖的儿子高谧也曾出任侍御史，但因触犯了法律，被放逐到了怀朔镇（北魏六镇之一，在今包头市固阳县）。高家家道从此中落。流放后，由于高家人世代生活在北方，风俗习惯也逐渐被鲜卑族同化，成了鲜卑化的汉人。

高欢是高谧的孙子，高大英俊，帅气逼人，而且从小就有远大的抱负，只可惜家庭贫苦，只能在平城当一名守城门的小兵，勉强度日。

今日桃花运从天而降，让高欢有些不知所措。他顺着婢女指的方向望去，只见一名亭亭玉立的少女正在娇羞地看着自己。从穿着打扮上来看，他猜到那一定是大户人家的女子。在婢女的暗中帮助下，娄昭君与高欢的感情迅速升温，很快就私订了终身。

后来，娄内干知道了这件事，气得差点背过气去。他跺着脚大骂道：“你怎么就看上了这个穷小子啊，门不当户不对，你把我的老脸都丢光了啊!”

任凭娄内干怎么火冒三丈，娄昭君就一句话：“我不管，反正我喜欢高欢，除了他，我谁都不嫁!”

为了让父母同意这门亲事，娄昭君将自己的私房钱都拿了出来，对高欢说道：“如果你真想娶我，就拿着这些钱去找我父母提亲去!”

娄内干见女儿是王八吃秤砣——铁了心，他只好硬着头皮把女儿嫁给了穷小子高欢。婚后，小夫妻恩恩爱爱。在妻子的帮助和支持下，高欢的仕途也开始有了起色，他成了大将军的亲信，常常到京都洛阳去送公文，开阔了眼界，丰富了人脉资源，为今后的发家奠定了基础。

公元519年，北魏帝国京城洛阳发生了暴动，正在洛阳出差的高欢目睹了整件事情，这件事对他触动很大。他认为国家即将大乱，于是将家产全部变卖，广交宾客，行侠仗义，后成为权臣尔朱荣的亲信都督。尔朱荣死后，他推翻了尔朱氏集团，拥立孝武帝元修，以北魏大丞相、渤海王的身份，控制了朝廷政权。

可孝武帝元修只坐了两年龙椅，高欢就将他逼走了，又立元善见为帝（即孝静帝），并迁都邺城，史称“东魏”。元善见虽是皇帝，但背后操控他的人仍然是高欢。高欢居住在晋阳（今太原），遥控东魏朝政16年之久，距离登上皇帝宝座只有一步之遥。不过他的这个遗憾，他和娄昭君所生的儿子们帮他实现了。

娄昭君的次子高洋建立北齐，史称文宣帝，追封他的哥哥（即娄昭君的长子）高澄为文襄帝，三子高演为孝昭帝，五子高湛为武成帝。娄昭君的两个女儿也都是皇后，长女嫁给了北魏孝武帝元修，次女嫁给了东魏孝静帝元善见。

从一个守城门的小兵到执掌朝政，做了 18 年的丞相，高欢实现了完美的逆袭，也证明了娄昭君的选择是多么得正确。高欢与娄昭君生了六子两女，其中四个儿子是皇帝、两个女儿是皇后，天下恐怕没有比他们更有权势的家族了吧！

⊙佳人佳话⊙

唐朝文学家韩愈说：“千里马常有，而伯乐不常有。”像娄昭君这样聪慧的女伯乐就更少见了，没有高瞻远瞩的眼光，谁敢将自己的终身幸福托付给一个大头兵呢？

选丈夫，一定要有远见，慧眼识珠，不能只顾眼前利益。一个有能力的潜力股，远比一个靠家族富裕起来的纨绔子弟靠谱得多。

卫子夫

从歌女到皇后，她的开挂人生

近水楼台先得月，一个女人出身卑微不要紧，如果能生活在得天独厚的环境中，飞上枝头变凤凰的概率就大多了。西汉的卫子夫就是这样一个好命的女人。

卫子夫是河东平阳（今山西临汾西南）人，她出身微贱，原本只是平阳公主家的一名歌女。平阳公主是汉武帝刘彻的亲姐姐，卫子夫生活在皇亲贵族之家，偶遇汉武帝只是迟早的事情，这就为她日后的发达埋下了伏笔。

一年春天，汉武帝去霸上祭祀先祖，回宫的路上要经过平阳公主家，就顺道去看望姐姐。平阳公主很懂弟弟的心思，汉武帝与陈皇后（陈阿娇）结婚多年，却没有生下一儿半女。于是，她事先物色好了十多个漂亮女孩，让她们精心打扮了一番，去侍候汉武帝，可汉武帝眼光太高，一个都没看上。

平阳公主微微一笑，命女孩们都退下，对汉武帝说道：“我已经命人备下酒菜，我们一起吃个便饭吧。”不大一会儿工夫，酒菜上桌，这时府上的歌女上堂献唱，卫子夫就在其中。汉武帝一边吃饭一边欣赏歌舞，一眼望去，就看中了人群中光彩夺目的卫子夫，他眼睛都看直了，夹起的菜都掉了。

随后，卫子夫就随汉武帝回到了宫中。不过，汉武帝身边美女如云，没过多久，就把卫子夫忘得一干二净，一年多都没有宠幸卫子夫。

每年宫中都会把年迈体弱的宫人释放出宫，卫子夫觉得自己既然得不到皇帝的宠幸，与其被关在宫中守活寡，不如出去另觅出路，于是哭着请求汉武帝放她出宫。汉武帝见卫子夫这般梨花带雨的哭泣，心生怜悯，再一次临幸了她。

没想到这次临幸让卫子夫有了身孕，汉武帝喜出望外，对她的宠爱一天胜过一天，这下惹恼了陈皇后。陈皇后可不是一般的女人，她的母亲是馆陶公主刘嫖，刘嫖是汉武帝的亲姑姑兼岳母。当初为了把汉武帝立为太子，刘嫖没少出力。有了母亲在背后撑腰，陈皇后骄横跋扈，无人敢惹，就是汉武帝都得让她三分。

得知卫子夫怀孕了，陈皇后摸了摸自己的肚子，眼泪吧嗒吧嗒往下落，喃喃地说道："以后的日子更不好过了。"刘嫖哪里受得了宝贝女儿受委屈，便派人去抓卫子夫的弟弟卫青，想杀了卫青来恐吓卫子夫。好在卫青有贵人相助，逃过一劫。

陈皇后后台硬，卫子夫惹不起，明知自己的弟弟受了气也不敢声张，只好打掉牙往肚子里咽，暗自神伤。不过，这件事很快就让汉武帝知道了，汉武帝安慰卫子夫说："你怀上的是龙子，可不能动了胎气，我会补偿你的。"

汉武帝说到做到，召卫青为建章监，并加侍中，卫子夫的哥哥卫长君也加为侍中，赐给卫家的赏金多达千金。陈皇后的嘴巴都被气歪了。从此，她与卫子夫的梁子算是结下了。

母凭子贵，要想翻身打败卫子夫，唯有生下皇子。于是，陈皇后花巨资求子，却未能如愿。后来，母亲刘嫖去世了，正道走不通，她就只好走歪门邪道，试图使用巫术让自己重新受宠。结果东窗事发，汉武帝以“惑于巫祝”的罪名将其废黜，令其退居长门宫。

没有了陈阿娇从中作梗，卫子夫更受宠了，她不久后再次怀孕，而且这一次生下的是一位皇子。当时汉武帝已经 29 岁了，称帝 12 年终得皇子，汉武帝欣喜若狂，命人作赋，拜神祭祖，好一通庆贺，又将卫子夫册封为皇后，成了汉武帝的第二任皇后。

卫子夫虽贵为一国之母，但卫氏家族并没有像其他外戚一样在朝中专权，她的弟弟卫青和外甥霍去病挥师北上抗击匈奴，立下了赫赫战功，基本瓦解了北方匈奴的势力，为汉朝的边境安全立下了汗马功劳。

卫子夫从一名歌女逆袭成一代贤后，她的人生就像开了挂，卫氏家族也因她被加官进爵，卫青更是娶了平阳公主为妻，风光无限。

⊙佳人佳话⊙

汉武帝与卫子夫是很多影视剧中的主角。张衡云："卫后兴于鬒发。"意思是说，卫子夫受宠是因为她有一头乌黑亮丽的头发。能让皇帝相中的女人在容貌上肯定差不了，但是卫子夫能受宠十多年，绝非只有美貌这么简单。

《天下为卫子夫歌》中曰："生男无喜，生女无怒，独不见卫子夫霸天下！"可见，卫子夫不仅性格好，柔情似水，而且遇事荣辱不惊，更主要的是有智慧，能平衡宫廷、家族的关系，摆平后宫，或许这才是汉武帝对她一直宠爱的真正原因吧。

李夫人

爱在深宫，留下永恒思念的绝世红颜

在一个月色朦胧的深夜，汉武帝独自坐在帷帐之后，神情黯然。四周一片寂静，只有微弱的烛光在跳动，映照出他孤独的身影。突然，一阵微风轻轻吹过，帷帐微微晃动，仿佛有人在背后轻轻走过。汉武帝心中一颤，抬眼望去，只见帷帐后面似乎站着一个身影，身形曼妙，若隐若现，如同梦境中的幻影。

汉武帝站起身来，心中涌起一股冲动，想要揭开帷帐，一睹那身影的真容。然而，站在他身后的方士却轻轻拉住了他的衣袖，低声劝阻道：“陛下，不可妄动。”汉武帝仿佛被点醒的孩子，怯生生地站在原地，隔着帷帐凝视着那模糊的身影。时间仿佛凝固，许久之后，又一阵风吹过，那身影如同烟雾般消散在空气中。汉武帝泪流满面，声音中带着无尽的哀伤与急切：“是她吗？真的是她吗？为什么她不肯走到我的身边来呢？”

这位让汉武帝日思夜想的女子，正是他的爱妃李夫人。李夫人因病离世后，汉武帝悲痛欲绝，终日沉浸在对她的思念之中。为了能再见她一面，他不惜请来方士作法，试图在虚幻中与她重逢。李夫人到底有着怎样的魅力，能够让一代帝王如此痴迷，甚至不惜违背常理，去追寻那虚无缥缈的幻影呢？

李夫人是中山(今河北省定州市)人，出身平民，曾是一名舞伎，她的父母兄弟都通晓乐舞，是以歌舞为职业的艺人。她的哥哥李延年因为触犯法律遭受了宫刑，在宫中负责养狗。李延年因擅长音乐歌舞，得到了汉武帝的宠爱。为了讨皇帝的欢心，李延年新作频出，每次演唱新作，观众听后都十分动容。

一天，李延年在为汉武帝表演时，唱道："北方有佳人，风姿绝世，亭亭玉立，回眸一望能倾覆城池，回首再望能倾覆国家，岂不知倾城倾国的祸患，只因为佳人难再得！"

汉武帝很高兴，拍着手大声地说道："好，唱得好！"随即又失落地叹息道："哎！可惜这世上没有这样的美人啊！"

坐在一旁一同观看演出的平阳公主，对汉武帝说道："弟弟，何必失落呢？你还不知道吧，李延年的妹妹就十分擅长歌舞，而且长得貌若天仙。"

"果真如此？"汉武帝喜出望外，立即召见李延年的妹妹。只见她肤白貌美，又能歌善舞，汉武帝一见钟情，立即将她纳入宫中为妃。自此，李延年的妹妹（李夫人）深受汉武帝的宠幸，后来为汉武帝生下儿子——昌邑哀王刘髆（即海昏侯刘贺的父亲，刘贺仅当了27天皇帝）。

可惜，生下儿子不久，李夫人就染上了重病，身体每况愈下。爱妃病了，汉武帝心疼不已，亲自来到床前探望，关切地问道："夫人，身体好些了吗?”李夫人却躲进被子里，不愿相见。

汉武帝欲拉下被子，李夫人双手抓紧被子，不肯松手，着急地说道：“妾长期生病卧床，容貌都变丑了，不可以见陛下。我只有一事相托，希望陛下照顾好我的儿子和兄弟。”

汉武帝一脸凄楚，哀求道：“夫人病重，恐怕不能痊愈，还是和我见上一面吧，此一别恐怕再无相见，有什么事情当面嘱托，岂不是更好吗?”

蒙在被子里的李夫人轻轻地颤抖起来，但依然不肯相见，说道：“妇人容貌未曾修饰，不可以见君父。妾不敢用这么轻慢懈怠的态度面见陛下。”

汉武帝俯下身子，好生哄道：“夫人如让我见一面，我加赠千金的赏赐，还给你的兄弟尊贵的官职，如何啊?”

李夫人哽咽地说道：“授不授尊官都在于陛下，不在于见妾这一面。”

“不管怎样，我今天就是要见你一面。”汉武帝态度坚决。没有办法，李夫人便转过脸，背对着汉武帝，汉武帝十分不悦，起身离开。

“您这是为何啊？为什么不见陛下一面，让陛下满足您的心愿呢？难道您痛恨陛下不成?”李夫人身边的侍女们十分不解，小心翼翼地问道。

“我不愿意见陛下，正是为了托付我兄弟的事情，我因为长得貌美，才有幸从一名舞伎成为陛下的宠妃。陛下能够来看我，是因为我之前的美貌。如今我病成这个样子，相貌已经大不如从前，若让陛下见了，一定会嫌弃我、抛弃我，又怎么会记得重用我的兄弟呢?”李夫人回答。

不久后，李夫人病逝了，汉武帝用皇后的礼仪安葬了她。由于没有在她生前见到最后一面，汉武帝只好用开头所说的法术与李夫人隔着帷帐相见。

⊙佳人佳话⊙

唐代诗人白居易曾创作过一首杂言诗《李夫人》，从汉武帝初丧李夫人开始叙述，表现了汉武帝对李夫人去世的悲痛之情和深沉的思念，那句“人非木石皆有情，不如不遇倾城色”，令人动容。

汉武帝对李夫人念念不忘，究竟是何原因呢？只因她长得倾国倾城吗？不尽然，李夫人的绝顶聪明，或许才是关键。临终前拒绝见面，让汉武帝被“相见不如怀念”折磨得死去活来。可见，只有聪慧的女人才会让人爱得上瘾——得不到才是最宝贵的念想。

卞 氏

起身微末，逆袭为“三曹”背后的女人

在汉魏时期的历史舞台上，“三曹”——曹操及其子曹丕、曹植，以其卓越的政治才能和文学成就，成为那个时代的标志性人物。然而，与这三位男人命运交织的女性卞氏，却鲜为人知。她，正是曹操的正妻，曹丕与曹植的生母。卞氏的一生，是一部从微末起步、历经坎坷最终成就非凡的传奇。

卞氏，生于公元 161 年，卒于 230 年，祖籍琅琊开阳（今山东临沂市兰山区）。她的出身极为寒微，父母都是艺人，社会地位比普通种田人还要低微。在那个等级森严的时代，艺人被视为下九流的职业，生活充满了艰辛与无奈。卞氏长大后，继承了父母的职业，成为一名歌伎。她随家人四处漂泊，以卖艺为生，生活的重担早早压在了她稚嫩的肩上。岁月流转，命运的齿轮悄然转动，最终，卞氏一家来到了谯地（今安徽亳州），在这里，她的命运即将迎来转折。

当时曹操为了躲避贵戚之祸，称病辞官回到家乡谯地，建起了豪宅，闲居乡里，日子过得十分快活。一次偶然的机会，曹操被姿容绝世、能歌善舞的卞氏深深地吸引，后来便纳她为妾。两人婚后不久，卞氏生下儿子曹丕。

东汉末年，时局动荡，曹操重新被征召，被任命为典军校尉，成了大将军何进的部属，他带着卞氏等家眷来到了东都洛阳。可没过多久，何进便死于非命，凉州军阀董卓进入洛阳，废掉汉少帝，立汉献帝，因赏识曹操，欲重用他。曹操不愿接受，带着亲信悄悄逃出洛阳。

不久后，就有传言说曹操死了，曹府立马乱成了一团，不少

投靠他的部下想作鸟兽散各奔东西。卞氏从小跟随父母在江湖卖艺，见多识广，关键时刻挺身而出，对曹操的部下说道："我丈夫的生死不能只凭几句传言来确定，假如传言是有人故意编造出来的，你们因此离开，倘若明天我丈夫回来了，你们有何脸面相见呢？为了躲避未知的灾祸，就放弃一生的名节，值得吗？"

卞氏的一番话，说得曹操的部下心服口服，他们纷纷表示愿意听从她的安排。曹操后来听说了这件事，非常高兴地说道："我夫人不是一般的女子啊！"

在卞氏之前，曹操有丁夫人、刘夫人，刘夫人早早地去世，留下几个孩子，丁夫人与曹操离婚了，曹操就将卞氏扶立为正妻。卞氏成了名副其实的卞夫人，她一如既往地帮助丈夫、教育儿女，对曹操其他妻妾所生的子女也视如己出。曹操大为感动，拉着卞氏的手说道："能娶你为妻，是我曹某的福气，日后发达了，我定不会辜负你。"

没有了后顾之忧，曹操将全部的精力都用在争夺霸业之中。后来被封为魏王，曹操也没有忘记自己的承诺，册立卞氏为王后。曹操是个念旧情的人，自己发达了，想弥补曾和自己一起受苦的前妻丁夫人，便多次以卞夫人的名义，邀请丁夫人来王宫赴宴。

卞夫人是个识大体顾大局的好女人，不仅不生气，还将嫡妻座位留给丁夫人，自己坐在妾位。当初丁夫人是正牌妻子，对待卞夫人和孩子很是苛刻，今天能得到如此厚待，心里十分过意不去，不好意思地说道："我是离异之人，今天夫人又何必这样对待我呢?”

几年后，丁夫人去世了，曹操非常痛心，悲伤地说道：“日后我再也没有赎罪的机会了。”卞夫人了解丈夫的心思，说道：“如果你信得过我，就让我来操办丁夫人的后事吧。”“这……”曹操吃惊地看着卞夫人，含泪点头答应，并亲自为丁夫人选择了墓地。

公元220年，曹丕当上了魏国的开国皇帝，尊卞氏为皇太后。卞氏虽身居高位，但对自己要求非常严格，经常告诫外戚一定要遵纪守法，若犯法定会罪加一等，对子女也严加管教。

有一次，曹植因为犯法被官吏弹劾，曹丕担心处罚过重，会让母亲不高兴，就派人去试探母亲的态度，卞氏对来人说道：“你回去告诉陛下，王子犯法与庶民同罪，不要因为我破坏了法律。”

⊙佳人佳话⊙

她卖艺出身，却逆袭为曹操的正妻、王后、皇太后，卞氏是凭借什么实现了身份的连级跳呢？三国曹魏史学家王沈阳对卞氏的评价，或许能让我们看出一二，他说：“后性约俭，不尚华丽，无文绣珠玉，器皆黑漆。”

这说明卞氏朴实有德，勤俭持家，但这是其一。此外，她还有两点让曹操对她刮目相看，一是对男人温顺，二是对家人包容。所以，她才能赢得人心，让家庭稳定，从而实现了完美的逆袭。

马皇后

患难与共，成就一段帝后佳话

能当上皇后的女人，一般要具备两个条件：一是长得美；二是家庭背景显赫。但是，明太祖朱元璋的原配孝慈高皇后马氏却是一个例外，她长相平平，娘家后台也不硬。那她是凭什么独得恩宠，成为千古贤后的呢？

马氏，南直隶凤阳府宿州（今安徽宿州）人。她的祖上是富贵人家，但是到了她父亲马公这辈，家道中落，母亲生下她不久后便去世了。父亲因为逃避仇家，逃亡在外，最终客死他乡。好在父亲临行前，将马氏托付给了有着生死之交的郭子兴将军，让她做了郭子兴的养女，马氏才不至于流落街头，无家可归。

马氏很聪明，能写诗能作画，尤其精通历史。在郭子兴夫妇的养育和调教下，马氏渐渐长大。到了出阁的年龄，郭子兴夫妇一直在寻觅良人，要给养女找一个好的归宿。

元朝末年，社会动荡不安，天灾加上人祸让百姓生活举步维艰，农民起义接二连三地爆发，郭子兴也加入其中，成了白莲教的首领。朱元璋就在郭子兴的麾下效力，他精明能干，作战勇敢，在军队中人缘极好，声名远播，深得郭子兴器重。于是，郭子兴就将养女马氏许配给了朱元璋。婚后，马氏跟随朱元璋南征北战，做起了朱元璋的贤内助。

郭子兴虽器重朱元璋，但由于忌才护短，又受到他人的挑唆，渐渐地对朱元璋有了猜疑之心。有一次，郭子兴一气之下将朱元璋关了起来，不给他饭吃。马氏便把面饼揣在怀里，偷偷地给丈夫送去，因饼太烫，她的胸口都被烫伤了。为了救朱元璋，马氏拿出压箱底的金银送给养母张氏和郭子兴的小妾张氏，请她们帮忙在义父面前多说好话，才使丈夫化险为夷。

1360年，陈友谅率兵东下，直逼江宁，朱元璋率兵作战。大兵压境，官员和百姓都慌作一团，有的做好了逃亡的准备，决定留下来的人也打起了小算盘，囤积粮食，埋藏金银。只有马氏不慌不忙地拿出金帛犒赏士兵，因此稳定了军心，为朱元璋取得最后的胜利发挥了重要作用。

1368年，朱元璋在应天府（今南京）登基称帝，建立大明王朝，册立马氏为皇后。马氏成为皇后以后，依然勤劳俭朴，对子女严格管教。衣服洗了又洗，破旧不堪也不肯换新的，还命人在后宫架起织布机，亲自织布做衣服，将衣服赐给年纪大的孤寡老人和王妃公主，让王妃公主知道织布的不易，让她们学会勤俭节约。

朱棣排行老四，是朱元璋与马皇后最小的儿子，性格放荡不羁，马皇后对他非常不放心。朱棣被封为周定王，即将赴开封上任，马皇后派江贵妃一同前往，并将自己身上的旧布衣脱下来交给江贵妃，另赐一根木杖，拉着江贵妃的手嘱咐道："我把儿子交给你了，你一定要替我好好看管他，如果他有错，你可以披衣杖责，他要是敢违抗，立刻上报朝廷。”

有一次，一个小王因为调皮不听话，被师傅李希颜用笔管戳了一下额角，小王便哭着跑去找朱元璋告状。朱元璋听后勃然大怒，要去责罚李希颜，却被马皇后拉住了，说道：“人家是老师，用圣人的道理训斥你的孩子，你有什么可生气的呢?”朱元璋点了点头，觉得马皇后说得对，不仅没有惩罚李希颜，反而给他升了官。

马皇后爱民如子，对待任何人都仁慈谦卑。有一次，她问朱元璋：“如今百姓的生活安定吗?”朱元璋回答：“这不是你应该问的，你是皇后，管理好后宫之事就好。”马皇后微微一笑，说道：“陛下，您是全天下人的父亲，那我就是全天下人的母亲，孩子们安定与否，过得是否富足，难道不该是我关心的吗?”遇到灾年，马皇后都非常担心百姓们的生活，她以身作则，率先吃粗茶淡饭，宫中的人也纷纷效仿，用节省出的粮食救济百姓。

有时官员找朱元璋汇报完工作，便留在宫中吃饭，马皇后命人先将酒菜拿来亲自品尝一下，如果味道不好，就对朱元璋说：“陛下，您是一国之君，自己在饮食上可以差一些，但对待别人一定要丰厚。”于是，朱元璋惩治了那些负责后勤工作的光禄寺官员。

1382 年，马皇后染上了重病，群臣请求祈祷祭祀，寻找良医为其诊治，却被马皇后拒绝了，她说道：“生死有命，祈祷祭祀有什么用呢？医生也不能让人药到病除，如果医生治不好我的病，恐怕也会被降罪。”

后来，马皇后的病越来越重，临终时，朱元璋问她有什么想说的。马皇后拉着朱元璋的手，恳求道：“我希望陛下能重用贤能的人，听取他人的意见，这样子孙才能贤能，大臣百姓们才能有所依靠。”

不久，马皇后病逝，朱元璋非常伤心，从此不再立皇后。

⊙佳人佳话⊙

贫贱之知不可忘，糟糠之妻不下堂。相貌平平的马皇后能荣登皇后宝座，让朱元璋宠爱一生，是因为马皇后在朱元璋不发达时，能与其同心同德，同甘共苦，为丈夫排忧解难。这样坚固的情感怎会随着岁月的流逝、容颜的衰老而消失呢？这样的情感就如陈年老酒，愈久愈香，经得起岁月的考验。

·人生悟语·

古代女性逆袭，一般有两条路可走：一是生得美，成为皇帝或国王的女人；二是慧眼识珠，嫁给“潜力股”，未来飞煌腾达。不管走哪条路，大多都是藤绕树，依靠的是别人。在当时的社会环境中，女性做出这样的选择情有可原，或身不由己。

若今天还有女性试图通过这两条路实现逆袭，一要擦亮眼睛，做出选择；二是宁可选择后者，培养忠于自己的潜力股。更为重要的是，作为现代独立女性，人生最大的投资，莫过于投资自己、充实自己，时时处处学习，从智力、能力、情商上提升自己，做优秀的自己。

美国未来学家阿尔文·托夫斯说过：“未来的文盲不是不识字的人，而是没有学会学习的人。”未来的路上，我们不仅要有慧眼，更要时刻抓紧学习。人生路，要靠自己坚定地走下去，只有如此，才能完美逆袭。

第十章 运

命运如风筝，红颜易老花易逝

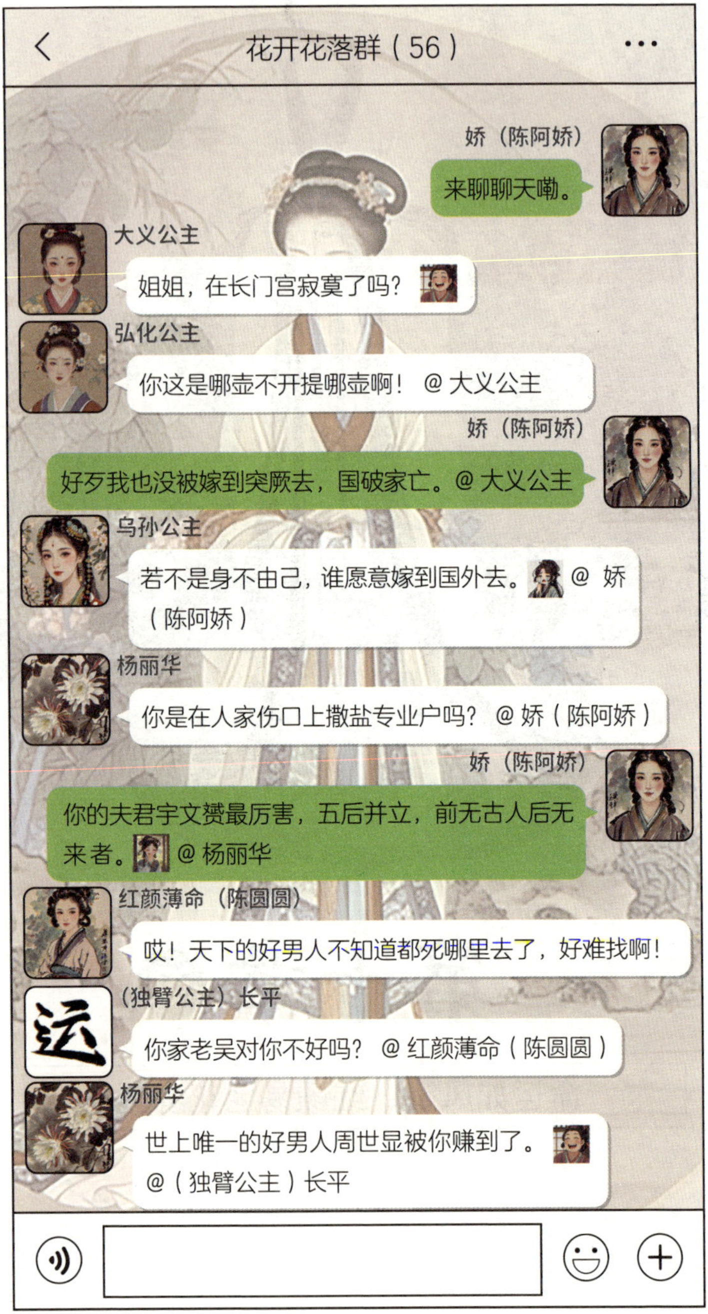
花开花落群（56）
娇（陈阿娇）
来聊聊天嘞。
大义公主
姐姐，在长门宫寂寞了吗？
弘化公主
你这是哪壶不开提哪壶啊！ @大义公主
娇（陈阿娇）
好歹我也没被嫁到突厥去，国破家亡。@大义公主
乌孙公主
若不是身不由己，谁愿意嫁到国外去。@娇（陈阿娇）
杨丽华
你是在人家伤口上撒盐专业户吗？ @娇（陈阿娇）
娇（陈阿娇）
你的夫君宇文赟最厉害，五后并立，前无古人后无来者。@杨丽华
红颜薄命（陈圆圆）
哎！天下的好男人不知道都死哪里去了，好难找啊！
（独臂公主）长平
你家老吴对你不好吗？ @红颜薄命（陈圆圆）
杨丽华
世上唯一的好男人周世显被你赚到了。@（独臂公主）长平

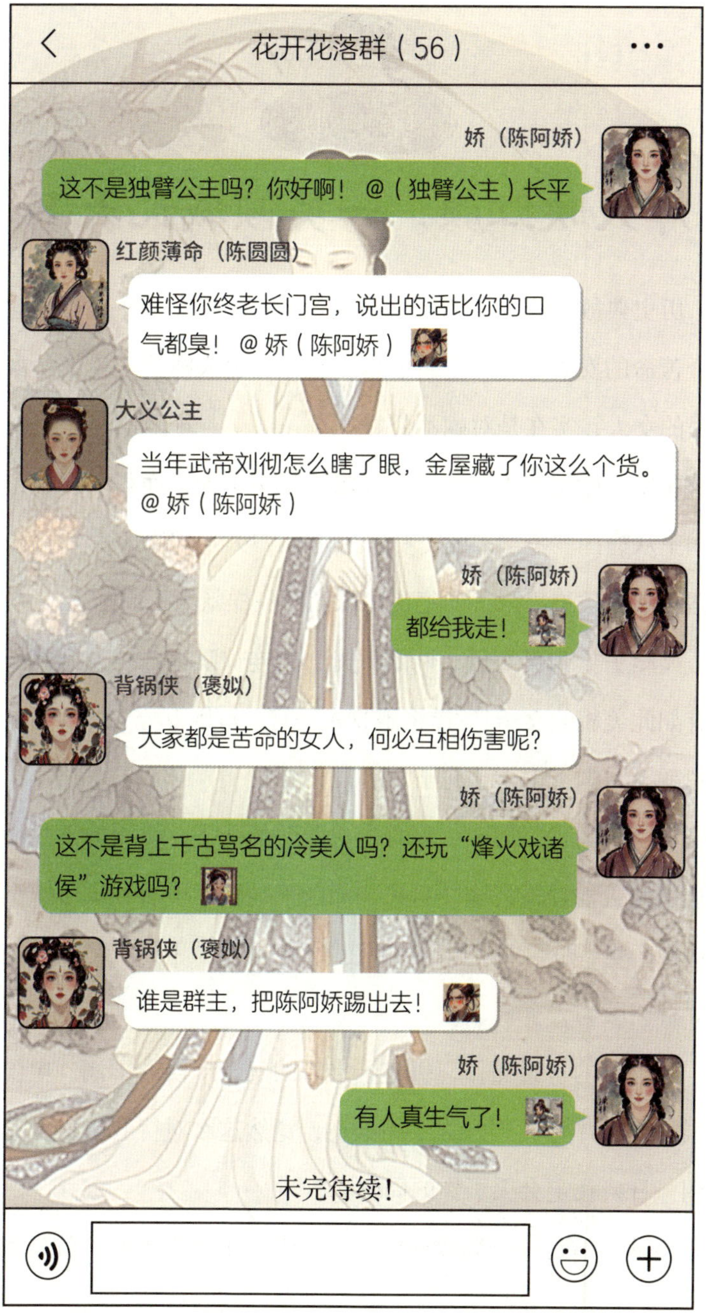
花开花落群（56）
娇（陈阿娇）
这不是独臂公主吗？你好啊！@（独臂公主）长平
红颜薄命（陈圆圆）
难怪你终老长门宫，说出的话比你的口气都臭！@娇（陈阿娇）
大义公主
当年武帝刘彻怎么瞎了眼，金屋藏了你这么个货。@娇（陈阿娇）
娇（陈阿娇）
都给我走！
背锅侠（褒姒）
大家都是苦命的女人，何必互相伤害呢？
娇（陈阿娇）
这不是背上千古骂名的冷美人吗？还玩“烽火戏诸侯”游戏吗？
背锅侠（褒姒）
谁是群主，把陈阿娇踢出去！
娇（陈阿娇）
有人真生气了！
未完待续！

褒姒

烽火映红颜，一笑倾城乱天下

历史典故“烽火戏诸侯”中提到了一个美女——褒姒。这是一个苦命的女人，不仅身世悲惨，还被后世人唾骂，说她是祸国殃民的女人，实在是对她不公。

褒姒，姓姒，因是褒国（今陕西汉中）人，而得名褒姒，是周幽王从褒国“抢”来的美女。公元前779年，周幽王攻打褒国，褒国战败，被迫投降，便把褒姒像商品一样献给了周幽王。

周幽王见到褒姒后，两眼放光，连连惊叹道：“没想到人间竟有如此美貌的女子！”遂将她收入后宫，对她万分宠爱。不久，褒姒就为周幽王生下了儿子姬伯服。

母以子为贵，周幽王看着白白胖胖的儿子，笑得合不拢嘴，这让褒姒更加独得恩宠。后来，周幽王废黜了申后和太子姬宜臼（申后所生，即后来东周的周平王），把褒姒扶上了王后的宝座，又立姬伯服为太子。

周幽王的这番操作，引起了申后的父亲申侯的不满，申侯私下恨得牙根痒痒：“好你个周幽王，竟然这么对待我宝贝女儿，有朝一日，我定会灭了你的周朝。”

周幽王不是一个勤政的国君，每天除了喝酒听曲，就是和褒姒打情骂俏，国事一概不问，全部交给奸臣虢石父。虢石父贪婪腐败，把老百姓剥削得没有了活路，民怨极大，一场血雨腥风的政变即将到来。

公元前771年，申侯认为时机已经成熟，便联合鄫国、犬戎攻打周都，周幽王和儿子姬伯服被杀死在骊山之下，褒姒则被犬戎掳走，从此下落不明。西周自此灭亡。

强大的西周为什么会在片刻之间就分崩离析了呢？要回答这个问题，就不得不提烽火戏诸侯了。褒姒远离家乡和亲人，心中多有不快。但她是个高冷美人，不爱笑，周幽王想尽各种办法逗她开心，但都无济于事。

虢石父很会察言观色，看出了周幽王的心事，就出了一个馊主意——烽火戏诸侯。于是，周幽王命人点燃烽火，诸侯们见到烽火以为有敌人入侵，都风风火火地赶来救援，结果却发现这是一场闹剧，是周幽王为了哄褒姒，逗大家玩呢！

褒姒见到诸侯惊慌失措的样子，莞尔一笑。“美人终于笑了，笑了！”见褒姒笑了，周幽王喜上眉梢，从那以后，周幽王就喜欢上了这个游戏，多次命人点燃烽火。

渐渐地，诸侯们就不再相信周幽王，见到烽火也不前来救援了。后来，申国联合缯国、犬戎攻打周幽王，周幽王急急忙忙地点燃烽火召集诸侯前来救援，可一个诸侯都没有来。周幽王孤立无援，很快便战败身亡。

因为烽火戏诸侯一事，从此褒姒背上了千古骂名。《诗经》

中有云“赫赫宗周，褒姒灭之”，甚至有人说“褒姒一笑失天下”。一个国家的灭亡，自然有其根本原因，怎能是一个柔弱的女子轻易做到的呢？这个“锅”褒姒背不起，也不该由她背。难道不应该怪周幽王昏庸无能，不该怨奸臣虢石父贪婪腐败吗？

褒姒远离家乡，为了国家和族人委曲求全服侍周幽王，死后又成了千古罪人，被后人唾骂，世间还有比这更苦命的女人吗？

⊙佳人佳话⊙

封建社会的女子，是男人的附属品，还有可能是战利品。褒姒生活的那个时代，她的命运如浮萍，半点不由她，她的悲剧是时代造成的，而不是她所能左右的。

如今的女性，社会地位有了巨大的提高，可以自主选择，有自己的追求，发展自己的能力。在新时代，女性一定要独立，一定要努力，这样才能成就更好的自己，才能被社会尊重，被丈夫疼爱。

陈阿娇

金屋藏娇的戏言，成了命运的转折点

“金屋藏娇”这个成语背后，隐藏着汉武帝刘彻与皇后陈阿娇的一段青梅竹马的故事。在那个风云变幻的西汉时期，他们的爱情既是命运的馈赠，也是宫廷政治的牺牲品。

陈阿娇出生在西汉东海郡东阳县，她自幼便生活在锦衣玉食之中，仿佛天生就带着一种高贵的气质。她的母亲是馆陶长公主刘嫖，这位长公主不仅是汉文帝的女儿，更是汉景帝刘启的亲姐姐，她在宫廷中拥有着举足轻重的地位。刘嫖心机深沉，善于在宫廷的权力游戏中布局谋篇。她深知，联姻是巩固家族地位的重要手段，因此她早早便为女儿陈阿娇的未来铺好了路。

起初，刘嫖计划将陈阿娇嫁给太子刘荣，以此来进一步巩固自己在朝堂上的势力。然而，命运的齿轮却在此时悄然转向。刘荣的母亲栗姬对刘嫖的计划极为不满。栗姬深知，后宫中许多妃嫔都是刘嫖送给汉景帝的，这些女人的存在不仅分散了汉景帝对她的宠爱，更让她在后宫中的地位岌岌可危。因此，当刘嫖提出将陈阿娇嫁给刘荣时，栗姬毫不犹豫地拒绝了。这一拒绝，不仅打破了刘嫖的计划，也为陈阿娇的命运埋下了伏笔。

刘嫖在栗姬这里碰了一鼻子灰，转头又把目光转向王夫人所生的胶东王刘彻。一天，四岁的刘彻到姑妈家玩，刘嫖很喜欢侄子刘彻，就将他抱了起来，逗他说："你要不要媳妇啊?"一边说一边指着身边的一个侍女说："要她做你的媳妇吗?"刘彻摇着头说："不要!"

刘嫖的侍女一大群，刘嫖一个接一个地指过去问刘彻，刘彻

都摇头拒绝。在指着阿娇时，刘彻马上笑着说：“如果我娶阿娇做媳妇，就造一座用金子作的屋子给她住。”刘嫖笑得合不拢嘴。这就是“金屋藏娇”的由来。

后来，因栗姬失宠，太子刘荣也被废了，刘彻被立为太子，刘嫖立马让女儿嫁给了只有七岁的刘彻做了太子妃。公元前 140 年，刘彻登基称帝，册封陈阿娇为皇后，并为她造了一座富丽堂皇的宫殿，像金子一般闪亮，实现了儿时的承诺。

然而，汉武帝与陈阿娇童话般的爱情故事并没有持续多久。陈阿娇仗着有母亲撑腰就嚣张跋扈，加上婚后多年不孕不育，没有给汉武帝生下一儿半女，汉武帝渐渐移情别恋，宠爱上了卫子夫。没过多久，卫子夫就怀孕了，陈阿娇恨得咬牙切齿。刘嫖见女儿受委屈，就派人去杀卫子夫的弟弟卫青，但阴谋不仅没有得逞，这件事还被汉武帝知道了，从此汉武帝更加厌恶陈阿娇。

陈阿娇是白骨精骗唐僧——一计不成又生一计。她在后宫中请女巫施行巫术，诅咒卫子夫，卫子夫经常无缘无故地生病，被认为就是这样造成的，她有好几次差点一命呜呼。汉武帝看着自己的美人百般受苦，心疼不已，决定对此查个水落石出，结果发现是陈阿娇在作祟。汉武帝勃然大怒，他废黜了陈阿娇的皇后之位，并将其贬于长门宫。

别居长门宫后，陈阿娇茶饭不思，整日以泪洗面，刘嫖看在眼里疼在心上。为了让女儿重新受宠，她不惜花了百斤黄金，请汉武帝最喜欢的文学家司马相如写一篇赋，试图打动汉武帝，让他与陈阿娇重修旧好。

司马相如果然不负重托，写下了流传千古的《长门赋》，将陈阿娇的愁闷悲思写得淋漓尽致。汉武帝看后十分感动，念及旧情，从此对陈阿娇多了一份关心，但始终未能回心转意。

从此在长门宫，经常可以看到一个面容憔悴的女人站在门口张望。她望眼欲穿，见到有人远远地走过来，先是一阵惊喜，看清楚之后，眼神又倏忽地暗了下去。这个女人就是陈阿娇，长门终老是这个曾经骄傲不可一世的女人最后的结局。

⊙佳人佳话⊙

李白写过一首诗《妾薄命》，讲的就是陈阿娇由得宠到失宠的故事。其中有两句“君情与妾意，各自东西流。昔日芙蓉花，今成断根草”，前后对比，真是让人唏嘘不已。

刘彻筑金屋让陈阿娇居住，实现了当年的承诺。可住进金屋的陈阿娇不仅没有得到幸福，还接二连三地上演悲情大戏，最终浇灭了刘彻那颗曾经滚烫的心，留下陈阿娇独自住在长门深宫里。

金屋可能牢不可摧，但爱情却不能因此而永恒，丰富的物质并不能兑换成爱情。如果没有精神上的共鸣与契合，爱情又怎能持久呢？

千金公主

一首诗的代价，命运的无常与智慧的无奈

生在封建王朝，贵为公主又如何？她们的命运就如水中浮萍，怎能自己主宰？公元 557 年，宇文氏建立北周政权，与北齐为争夺黄河流域富饶的土地，展开了激烈的战斗。北周文帝宇文泰的孙女、赵王宇文招的女儿千金公主就在这样的背景下出生了。

千金公主（？—593 年）是北周的鲜卑人，她的童年生活非常幸福，受到了很好的教育，知书达理，能作诗文，是个聪明的小才女。时间过得很快，一转眼，千金公主长大了，成了一个亭亭玉立的大姑娘。

一年，突厥佗钵可汗派使节向北周求婚，北周宣帝选中堂妹千金公主去和亲，让她下嫁到突厥。想到要远离故土和父母亲人，去往人生地不熟的苦寒之地，千金公主的眼泪就像断了线的珠子。可天命难违，别说她是一个弱女子，就是她的父亲宇文招也只能一脸愁苦地望着女儿，止不住地叹息，没有半点办法。

公元 580 年，千金公主含着眼泪下嫁到了突厥。就在她出嫁的这一年，父亲宇文招因为谋划诛杀国丈杨坚未果，被杨坚处死，她的兄弟也受到牵连，全部被杀。一年后的 581 年，杨坚篡夺了北周的江山，建立了隋朝。

国破家亡，千金公主满腹仇恨，发誓一定要为宇文家族报仇雪恨。可是没过多久，她的丈夫佗钵可汗就去世了。按照突厥人的婚俗，千金公主又嫁给了佗钵可汗的侄子沙钵略可汗，然后她怂恿沙钵略可汗攻打隋朝。她说道："一朝天子一朝臣，杨坚当上皇帝，对待咱们远不如宇文家族时期的北周。现在杨坚的羽翼尚未丰满，正好是我们攻打他的好时候，若等到日后他强大了，谁胜谁负就不好说了。"

沙钵略认为千金公主说得有道理，就接受了她的建议。不久后，隋文帝派使节来到突厥，沙钵略可汗指着使者的鼻子大骂道："我本是周室的亲家，如今杨坚灭了周室当上了皇帝。如果我坐视不管，有何脸面见我的可敦（即王后）呢?"突厥与隋朝的关系彻底破裂。

公元582年，突厥正式向隋朝宣战，突厥大军势不可挡，一路攻下隋朝六座城市，威震长安。就在突厥大军节节胜利之时，突厥内部却突然出了问题，贵族间互相残杀。原来是隋朝使用了离间计，挑动突厥各部制造混乱，导致沙钵略可汗腹背受敌陷入困境。

千金公主很清楚这是杨坚的诡计，为了平息突厥内部的混乱，只好暂时放下国恨家仇，给杨坚写了一封亲笔信，表示自己虽是北周的公主，但十分钦佩杨坚的圣明，请求做隋朝皇帝的女儿。

杨坚当时正忙着灭陈，突厥这边来示好，正合他意，便顺水推舟送了个人情给千金公主，赐她杨姓，收她为养女，改封为"大义公主”，希望她深明大义，为隋朝和突厥的长久和平作出贡献。此后，隋和突厥得到了暂时的安宁，但杨坚始终没有完全信任大义公主，大义公主在现实面前只能示弱，委曲求全，而灭宗族的仇恨始终在她心中萦绕，挥之不去。总之，杨坚与大义公主各怀心思，都在等待时机，一有机会就会置对方于死地。

公元589年，杨坚灭掉了南陈，结束了南北分裂的局面，实现了国家的统一。为了显示皇恩浩荡，杨坚将陈后主陈叔宝的一面华丽的屏风赐给了大义公主。大义公主久居塞外，很久没有看到这么漂亮的屏风了，她睹物思人，怀念起家乡，又想到自己的家人都被杨坚杀害，心中的仇恨就像沸水一样翻滚，于是挥笔在屏风上写了一首诗：

“盛衰等朝露，世道若浮萍。荣华实难守，池台终自平。富贵今何在？空事写丹青。杯酒恒无乐，弦歌讵有声。余本皇家子，飘流入虏廷。一朝睹成败，怀抱忽纵横。古来共如此，非我独申名。唯有《明君曲》，偏伤远嫁情。”

很快这首诗就流传到了隋朝。杨坚看过这首诗之后，后背直发凉，他没想到事情过去了那么多年，这个弱女子心中的国恨家仇依然这么强烈，早晚有一天，她会怂恿都蓝可汗（大义公主的第三任丈夫，沙钵略之子）与隋朝宣战。想到这里，杨坚握紧了拳头，暗暗想：这个隐患必须除掉。

有一年，一个流浪到突厥的汉人，他说自己叫杨钦，声称自己是大义公主的姑母西河公主的心腹，西河公主打算联合突厥一起灭隋复国。报仇心切的大义公主信以为真，说服丈夫都蓝可汗发兵攻隋。但这件事很快就被隋朝知道了，杨坚遂派长孙晟前往突厥捉拿杨钦，但都蓝可汗拒不承认，谎称此事子虚乌有。

长孙晟的到来，让大义公主感觉到了危险，她生怕都蓝可汗变卦，暗中与情夫安遂迦、杨钦密谋，诱使都蓝可汗反隋。可事情还没有得逞，长孙晟就通过贿赂突厥高官逮捕了杨钦，将他带到了都蓝可汗的面前，并揭发了大义公主与安遂迦私通的丑事。反隋这件事彻底破灭，此后大义公主在突厥的处境，也变得十分尴尬。

大义公主不死，杨坚如鲠在喉。正巧在这个时候，统治突厥北方的突利可汗染干为取得隋朝的支持，偷偷来向隋朝求婚。隋朝政府便借机提出了一个交换条件，即杀掉大义公主便答应许婚。

于是，突利可汗不断地在都蓝可汗面前说大义公主的坏话，最终都蓝可汗彻底被激怒，将大义公主处死。足智多谋、性格刚毅、一心救国的大义公主就这样香消玉殒于他乡，真是可怜又可叹！

⊙佳人佳话⊙

一句“余本皇家子，飘流入虏廷。一朝睹成败，怀抱忽纵横”，道出了大义公主内心的凄凉，不免让人心生怜悯。

大义公主聪明机敏，却始终无法逃离悲惨的命运。这与时代有关，更与她娘家倒台有关，倘若北周王朝还在，父亲宇文招和兄弟们都还在，突厥敢轻易杀掉大义公主吗？没有实力，站在任何一边都是要遭殃的，古今皆同。

杨丽华

从皇后到太后，再到公主的传奇一生

她的丈夫是北周皇帝，父亲是开国皇帝，可她过得并不幸福，命运跌宕起伏，这个可怜的女人就是杨丽华。

杨丽华，弘农郡华阴县(今陕西省华阴市)人，隋文帝杨坚的嫡女，出身显赫。建德二年（573 年），北周武帝宇文邕为皇太子宇文赟娶太子妃，在众多皇族中，13 岁的杨丽华因为长相出众、性格温顺，力压群芳，成为北周的太子妃。后来，宇文赟继承帝业，成了北周宣帝，杨丽华被册封为皇后。

一人之下，万人之上，皇后杨丽华的人生步入了巅峰，达到了女性们望尘莫及的地位，但是，她的日子一点也不好过。宇文赟不是一个省油的灯，他荒淫无度，史无前例地选出了五个皇后，开创了“五后并立”的千古奇闻。

杨丽华性情温柔婉约，从不嫉妒，与四位皇后和后宫的嫔妃们相处得都十分融洽，却无法让宇文赟满意，宇文赟对她横挑鼻子竖挑眼，甚至一心想让她去死。

有一次，宇文赟莫名其妙地对杨丽华大发雷霆，打算给她强加一个罪名，可杨丽华面不改色，丝毫没有因为大祸临头而屈服和惊恐，表现得很淡定。宇文赟越看越生气，扯着杨丽华的衣服，大声叫嚣："你竟然不怕我？这世上就没有不怕我的人！我现在要你马上去死，我不想再看见你！"

杨丽华的母亲独孤氏得知后，立马赶到宫中，跪在地上向宇文赟求情："陛下，我女儿不懂事，是我管教无方，是我的错，要惩罚就惩罚我吧，请陛下饶我女儿一命吧！"宇文赟被折腾烦了，摆摆手说道："退下，退下吧，我饶你女儿不死就是了。"

更荒唐的是，宇文赟只当了一年皇帝就撂挑子了，把皇位传给了七岁的太子宇文阐，专心沉迷于酒色去了。因纵欲过度，嬉游无度，宇文赟的健康每况愈下，很快就病逝了，年仅 22 岁。杨丽华的身份就从皇后变成了皇太后。

宇文阐这个小皇帝只有七岁，还是个只会和泥玩的小孩，哪里懂得治国理政的大事呢？于是，朝中大权就落在了杨坚手中。杨坚野心勃勃，可不甘愿做一个辅佐皇帝的重臣，他早就觊觎皇帝宝座了。

聪明的杨丽华很快就觉察到了父亲的别有用心，十分不满父亲的做法。可她一个弱女子又能怎么样呢？只能眼睁睁地看着父亲篡夺了北周的天下，建立了隋朝。杨坚成了隋朝的开国皇帝，并杀害了只有九岁的宇文阐。

父亲夺走了夫家的皇位，自己又是北周的皇太后，杨丽华心中充满了愤恨与无奈。杨坚对女儿杨丽华心存愧疚，想为她另觅一位夫君，可杨丽华坚决不同意改嫁，杨坚只好封她为乐平公主。

公元609年，杨丽华跟随弟弟隋炀帝杨广巡幸张掖时，身染疾病去世，时年49岁。临终前，她嘱托隋炀帝照顾好她唯一的女儿和女婿，并将自己的食邑全部转赐给了女婿李敏。隋炀帝回到长安后，将姐姐杨丽华与宇文赟合葬在定陵。

⊙佳人佳话⊙

司马光对杨丽华给予了很高的评价，他写道："杨后性柔婉，不妒忌，四皇后及嫔、御等咸爱而仰之。"只可惜，这样一个好女人却沦为了政治的牺牲品。

杨坚登上皇帝的宝座，杨丽华的兄弟姐妹成了王子与公主后都非常高兴，唯有杨丽华依然以北周太后自居，对父亲篡夺北周江山极为愤慨，尤其是杨坚杀了年幼的宇文阐之后，父女的关系变得极度紧张。

杨丽华作为周朝的皇后、隋朝的公主，她的身份不是她自己能定的，她的故事反映了古代女性地位的低下。作为一个现代女性，一定要将命运掌握在自己手里，不能因为贪图富贵、依靠权贵，就失去了骨气。否则，就无法得到他人的尊重，命运也会受到别人的摆布。

运

长平公主

崇祯一剑，斩断她的未来

皇家公主大多是金枝玉叶，从小过着锦衣玉食的生活，这样的情况也大都在和平时代。然而命运蹉跎，历史上有一位公主，竟然被自己的亲爹砍下一只手臂，她就是大明的长平公主。

长平公主（1630—1646年），出生在北直隶顺天府大兴县（今北京市），是明朝最后一位皇帝崇祯朱由检的女儿。崇祯皇帝非常喜欢这个女儿，对她百般疼爱，亲自为她选驸马，相中了才貌双全的都尉周世显。那一年她15岁，然而她的命运也从这一年开始转变。

因为流寇事件，崇祯皇帝被搞得焦头烂额，无心为长平公主与周世显举办一个盛大的婚礼，两人的婚事就被耽搁下来。一年后，李自成率领起义军攻占了北京，眼看明朝亡国已成定局，心灰意冷的崇祯皇帝仰天长叹，他手提一把利剑去了后宫。

有儿子在，大明江山或许还有未来，崇祯皇帝深知儿子的重要性，所以他的利剑不会斩向儿子。派人送走了三个儿子后，崇祯下了人生的最后一道意旨，命皇后和妃子们全部自尽。

随后，崇祯皇帝提着剑来到了长平公主居住的寿宁宫。亡国的公主会有怎样的下场，崇祯皇帝心知肚明，与其让女儿苟且地活着，不如让她们体面地死去。

看着父亲手上沾血的利剑，惊恐的长平公主瞬间明白了一切。可她不想死，自己才16岁，美好的人生才刚刚开始。她扑通一声跪在了地上，拉着父亲的衣服，痛哭流涕，哀求道："父皇，饶我一死吧，您狠心杀我吗？我不是您最爱的女儿吗？"

崇祯皇帝低下头，绝望地看了一眼跪在地上的女儿，说道："你为什么要生在我家啊？"说完便举起利剑，狠心地向长平公主刺了过去，长平公主用手一挡，利剑砍断了她的左臂，随着"啊"的一声惨叫，长平公主倒在了血泊中，昏死了过去。

望着血肉模糊的女儿，崇祯皇帝没有勇气再补上一剑，踉踉跄跄地逃出了门，来到宫殿后面的山脚，在一棵歪脖子树上上吊自尽了。

后来，奄奄一息的长平公主被送到了外祖父周奎家中，大家都以为长平公主必死无疑，但她最终奇迹般地活了下来，成了可怜的断臂公主。然而，她的苦难还远远没有结束，明朝灭亡后，长平公主又成了清朝利用的工具。

清王朝取代了李自成建立的大顺王朝进驻北京。为了早点抓住明朝王室的男性成员，清朝廷承诺只要朱姓各王愿意出来投降，归顺朝廷，不仅免于罪责，还能继续享受之前的荣华富贵。

清政府为了显示诚意，就把长平公主推到了台前，拨给她很高的生活费，并嘱咐周奎好生照顾长平公主，以此来显示清朝廷的仁慈和厚爱。国破家亡，身体又残疾了，长平公主对生活没有了期盼，上书顺治帝请求出家为尼，与青灯古佛相伴，了却此生。

但是，长平公主的请求未能获得准允，清朝廷继续拿她做文章，让她与周世显成婚，并赐予大批田地与金银。婚后，长平公主与周世显十分恩爱，但是她悲惨的过往使她无法走出痛苦的深渊，时常在深夜因为思念父母痛哭流涕。没过多久，她就病逝了，当时她已经怀有身孕，死后被安葬在广宁门外。曾经风光一时的大明公主，以令人唏嘘的结局结束了短暂的一生。

⊙佳人佳话⊙

“汝何故生我家?”崇祯这句亡国反问，算是我国历史上最惨痛的名言了吧？长平公主被亲生父亲砍去手臂，差点丢了性命，崇祯是何等的残忍啊！但这也是崇祯皇帝的无奈之举，这一举动中也包含着对女儿的爱，他不想女儿被凌辱，才出此下策。

无论何朝何代，当女人的命运不掌握在自己手中时，幸福就无从谈起，女人唯有变得优秀、强大，才能足够勇敢地面对生活，活出自己的精彩。

陈圆圆

从红颜祸水到乱世传奇，她的故事写尽命运无常

在古代，才貌双全的女子往往有着令人唏嘘的命运。她们的美貌与才华，既是上天的恩赐，也可能是命运的捉弄。陈圆圆，就是这样一位令人叹息的悲剧人物。

陈圆圆（1623—1689年，一说1695年），本不姓陈，而是姓邢。她出生在江南水乡苏州的一个货郎之家，家境贫寒，生活艰难。在她年幼时，父母相继去世，孤苦无依的陈圆圆被姨妈收养。因为姨父姓陈，她便随姨父改姓陈，从此被称为陈圆圆。

姨妈家的生活同样清贫，难以承担陈圆圆的养育之责。在陈圆圆十岁那年，姨父迫于生计，将她卖到了梨园。在梨园中，陈圆圆开始了她坎坷而传奇的一生。她天资聪颖，很快便掌握了歌舞技艺、琴棋书画，成为一名才艺出众的歌妓。只要她一登场，台下座无虚席，观众看的是屏气凝神，入迷着魔。

陈圆圆的美貌与才华，让她在梨园中声名鹊起，引得无数达官显贵竞相追捧。江阴贡修龄的儿子贡若甫花重金为陈圆圆赎身，娶她为妾。女人天生爱嫉妒，家里多了这么一个大美人，这惹恼了贡若甫的正妻，陈圆圆在这个家里待不下去了，只好离去。

一年春天，明末才子冒襄去衡岳省亲，路经苏州，在朋友的推荐下见到了陈圆圆。一个才子，一个佳人，两人很快互生情愫，陈圆圆还去冒襄家拜见了未来的婆婆，可还没等两人步入婚姻殿堂，陈圆圆就被外戚田畹劫夺去了京城。

田畹是明朝崇祯皇帝的老丈人，他的女儿是崇祯皇帝的妃子。田畹担心女儿年老色衰会失宠，便到江南物色美女来讨好皇帝，于是就掳走了陈圆圆，收她为义女，由女儿引荐入宫。

当时大明王朝已经岌岌可危，崇祯皇帝焦头烂额，哪里有心思与美女缠绵呢？陈圆圆入宫三个月，都没有被崇祯皇帝正眼瞧一下。田畹失策了，只好让陈圆圆回到了田家，做了田家的歌妓。

明朝末年，政局不稳，战乱不断，田畹为了巩固自己的地位，也为了在乱世中找到一个实力强劲的靠山，有意巴结手握重兵的吴三桂，就邀请吴三桂到家里来赴宴。宴席上，田畹让陈圆圆来唱歌陪酒。美艳的陈圆圆一出场，就惊艳到了吴三桂。他无心酒菜，心思全在陈圆圆身上，眼神随着陈圆圆的一举一动而游走。田畹看出了吴三桂的心思，宴席结束后，就将陈圆圆推入了吴三桂的怀抱。

抱得美人归，吴三桂笑得合不拢嘴，两人你侬我侬，过了一段恩爱的日子。可乱世之中，哪有什么岁月静好。不久后，李自成率领农民军攻占了北京。李自成手下的一名大将名叫刘宗敏，他闯进吴府抢夺财物时，看上了陈圆圆，将其掳走进行羞辱。

当时吴三桂本想投降农民军，但得知自己心爱的女人被劫走后，冲冠一怒，投降了清军。后来，在吴三桂和清军的夹击下，李自成的农民军损失惨重，仓皇逃出了北京城。吴三桂在战乱中找回了陈圆圆，重逢后，两人抱头痛哭。此后陈圆圆一直跟随在吴三桂身边，受尽恩宠。

红颜易老花易逝，再美的女人也敌不过岁月的侵袭。随着岁

月的流逝，陈圆圆日渐衰老，吴三桂位高权重，身边宠姬无数，陈圆圆怎么能与这些风华正茂的女人相比呢？日渐失宠后，陈圆圆萌生了退隐之意，请吴三桂在王府内建造一座庵堂，给她留一块吃斋念佛的清净之地，吴三桂欣然答应。

庵堂建好后，陈圆圆便住了进去，每天布衣素食，与青灯相伴，不再过问红尘事，一代红装从此繁华落尽。

⊙佳人佳话⊙

清朝诗人陆次云曾称赞陈圆圆曰："声甲天下之声，色甲天下之色。"说明陈圆圆是有一技之长的美人，故倾倒了贡若甫、冒襄、吴三桂、刘宗敏这些人，但这些都是暂时的，都改变不了红颜薄命的命运。

当初，吴三桂为了陈圆圆，怒发冲冠，与清军联合，赶走了李自成的农民军，却未能在她年老色衰时相伴左右，实在令人惋惜。所以，女人不能嫁给一个只爱你美貌的男人，这样的男人禁不住岁月的考验，终将各奔东西。

·人生悟语·

当我们感到无能为力时，会习惯性地把苦难归咎于命运。祥林嫂的命苦吗？苦！她每天都在喋喋不休地讲述自己的悲惨命运，可结果呢？命还是苦的。

女人命苦，可能有很多客观因素，但归根结底还是在于自己的选择和后天的努力，如果不去努力改变，而是整天活在命苦的自我哀怜中，世界不过又多了一个“祥林嫂”，对改变命运没有半点益处。

路遥在《人生》里写道：“人生的道路看似漫长，其实关键处只有那么几步，选对了以后的路一帆风顺，选错了可能步履维艰。”这提醒天下所有人：在人生的岔路口，要谨慎选择，只要大方向没有选错，人生就不会过得太苦。